JAPANISCHE SPRACHE
Für Anfänger

LERNEN Kanji

JLPT-N5-ZEICHEN

SPRACHÜBUNGSBUCH FÜR ANFÄNGER

- ☑ Meistert euer erstes Kanji, Schritt für Schritt
- ☑ Versteht Kanji-Bedeutungen und -Strichfolge
- ☑ Strichfolge-Diagramme und Tipps zum Schreiben

POLYSCHOLAR

www.polyscholar.com

INHALT

1   Kanji   4

2   Hiragana- und Katakana-Tabelle   15

3   Kanji-N5-Strichfolge-Übungen   25

4   Genkouyoushi   106

5   Flash Cards   122

7   Danke   137

Tipp: *Dieses Buch funktioniert am besten mit Gelschreibern, Bleistiften, Kugelschreibern und ähnlichen Medien. Seit vorsichtig mit Markern und Tinte, da schwere oder nasse Medien zum Ausbluten des Papiers oder zur Übertragung auf die Seiten darunter führen können. Hier sind einige Testkästchen, mit denen ihr prüfen könnt, wie gut eure Stifte geeignet sind:*

DIE WISSENSCHAFT DER KANJI

Wenn ihr Japanisch lernt, habt ihr wahrscheinlich schon von Kanji gehört, einer der schwierigsten Aufgaben für Japanischanfänger*innen. Das Beherrschen der Kanji erfordert, wie jeder andere Teil der Sprache auch, viel Einsatz und Zeit, aber dieses Buch wurde speziell dafür entwickelt, euch zu zeigen, wie ihr mit Leichtigkeit mit dem Lernen der Kanji beginnen könnt!

Die japanischen Kanji (漢字) werden als drittes Alphabet der Sprache bezeichnet, aber das ist eine falsche Bezeichnung. Als Deutschsprachige, die Hiragana und Katakana lernen, habt ihr wahrscheinlich die Ähnlichkeiten zwischen dem deutschen Alphabet und diesen japanischen Silbenschriften bemerkt. Beide wurden entwickelt, um die phonetischen Laute von Wörtern in ihren jeweiligen Sprachen zu beschreiben, aber Kanji ist ganz anders. Die Kanji, die vor Tausenden von Jahren aus dem chinesischen Schriftsystem importiert wurden, sind wie ihre chinesischen Verwandten ein logografisches Schriftsystem, d. h. jedes Zeichen steht für eine Bedeutung und nicht für einen bestimmten Laut. Das bedeutet, dass einige Kanji-Zeichen beim Lesen des Japanischen auf bis zu 18 verschiedene Arten gelesen werden können! Lasst euch davon aber nicht abschrecken, denn für die meisten Kanji gibt es nur zwei Aussprachen (auch Lesungen genannt): das kunyomi und das onyomi. Die kunyomi-Lesung wird verwendet, wenn das Zeichen für ein muttersprachliches japanisches Wort verwendet wird, was hilfreich ist, um die vielen ähnlich klingenden japanischen Wörter zu unterscheiden. Die onyomi-Lesung hingegen wird verwendet, wenn das Zeichen in einem Wort zusammen mit anderen Kanji, meist chinesischen Lehnwörtern, verwendet wird.

WIE MAN DIESES BUCH BENUTZT

Wie beim Erlernen jeder Sprache ist Wiederholung einer der schnellsten Wege, um sie zu verinnerlichen. Dieses Arbeitsbuch enthält sorgfältig gestaltete Anleitungsseiten, auf denen ihr lernt, wie ihr die einzelnen Zeichen schreibt, und Platz zum Üben eurer neu erworbenen Kenntnisse der japanischen Kalligrafie:

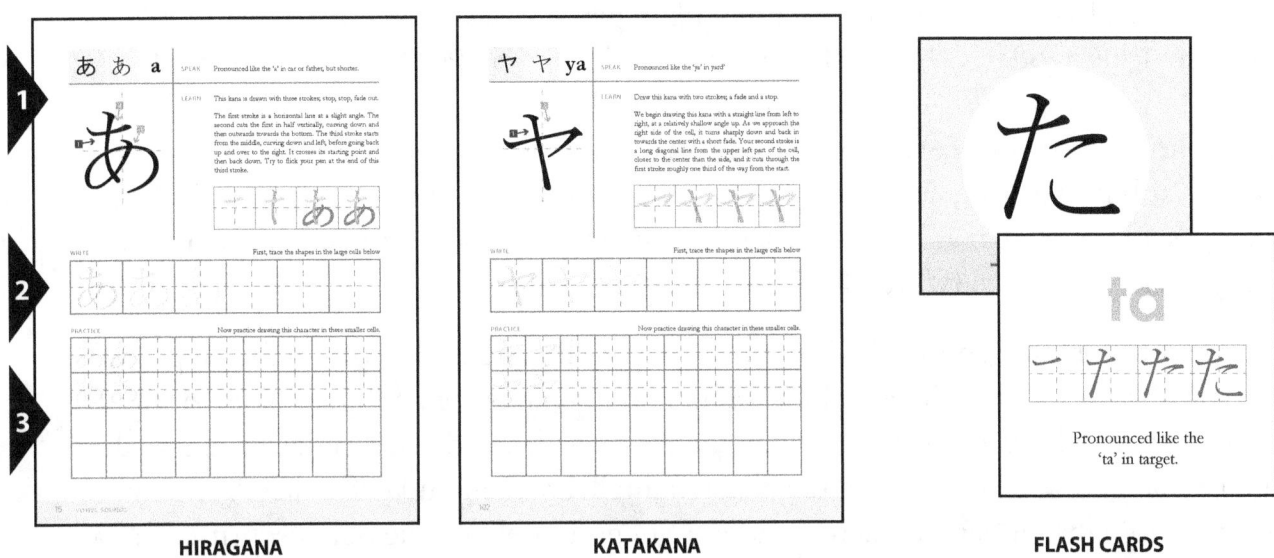

HIRAGANA **KATAKANA** **FLASH CARDS**

Auf der Rückseite dieses Arbeitsbuchs findet ihr zusätzliche Raster, die ihr verwenden könnt, nachdem ihr gelernt habt, einige (oder sogar alle) Kana zu schreiben – diese Rasterseiten werden traditionell als Genkouyoushi (oder 原稿用紙 auf Japanisch) bezeichnet, was „Manuskriptpapier" bedeutet.

Der letzte Teil dieses Arbeitsbuchs enthält eine Reihe von Flashcards, die entweder fotokopiert oder ausgeschnitten werden können. Sie helfen euch, euch die Symbole einzuprägen und euer Wissen zu testen. Jüngere Lernende sollten sich beim Ausschneiden von einem Erwachsenen helfen lassen!

EINE KURZE GESCHICHTE DER JAPANISCHEN SPRACHE UND DER KANJI

Japanisch ist eine der vielen Sprachen der Welt, die als isolierte Sprachen eingestuft werden. Das bedeutet, dass sie weder eine bekannte Vorgängersprache noch verwandte Sprachen haben, abgesehen von den Ryukyuan-Sprachen, die auf den Inseln südlich des Festlands gesprochen werden. Das heißt, während Englisch und Deutsch „genetisch verwandt" sind, weil sie beide von einer Muttersprache, dem Proto-Germanischen, abstammen und viele Wörter und Grammatiken gemeinsam haben, hat Japanisch keine bekannten Eltern oder Geschwister. Doch bereits im 5. Jahrhundert begann Japan, chinesische Schriftzeichen über die koreanische Halbinsel zu importieren und das chinesische Schriftsystem für Texte und Dokumente im eigenen Land zu verwenden. Diese Schrift, Kanbun genannt, wurde komplett mit chinesischen Zeichen, Grammatik und Syntax geschrieben, aber mit einer Mischung aus chinesischen und japanischen Lauten ausgesprochen. Klingt verwirrend? War es auch!

Kanbun wird von einigen Gelehrt*innen als eine völlig andere Kreolsprache eingestuft, da sie für den durchschnittlichen chinesischen oder japanischen Bürger*innen zu dieser Zeit unverständlich wäre. Trotzdem oder gerade deshalb wurde sie bei der Elite und den adligen Schichten sehr beliebt, und die meisten intellektuellen und offiziellen Werke vom 9. bis zum 20. Jahrhundert wurden in diesem Stil geschrieben. Die Silbenschriften Hiragana und Katakana wurden erst später entwickelt, und zwar von Frauen an den adligen Höfen, die von der strengen Ausbildung ausgeschlossen waren, die für das Schreiben in dieser chinesisch-japanischen Mischform erforderlich war. Sie benutzten eine kleine Anzahl chinesischer Schriftzeichen allein wegen ihres Klangs, um das Japanische darzustellen, und die kursive Schreibweise dieser Zeichen wurde mit der Zeit zu dem Hiragana vereinfacht, das wir heute kennen. Während viele Angehörige der elitären Schichten die Kanbun-Schrift bevorzugten, wurde das leicht zu erlernende Hiragana auch bei den Nicht-Eliten und anderen, die sonst nicht schreiben könnten, immer beliebter. Im Laufe der Zeit verschmolzen die Silbenschriften und die Verwendung von Kanji zu der japanischen Schrift, die wir heute kennen und die sowohl in der Alltagsschrift als auch in offiziellen Texten eine Mischung aus allen drei Schriften darstellt.

ES GIBT WIE VIELE KANJI?!?!?

Nachdem diese Schriftzeichen jahrhundertelang nach Japan importiert wurden, gibt es inzwischen jede Menge Kanji, nach manchen Schätzungen über 50.000! Die meisten davon sind jedoch nicht standardisiert oder werden nicht mehr verwendet und sind außerhalb von Texten, die in klassischem Japanisch geschrieben sind, nicht zu finden. Der strengste Kanji-Eignungstest in Japan für Historiker*innen und Übersetzer*innen prüft sogar nur etwa 6.000 Zeichen, wobei die jōyō-Kanji (wörtlich: alltägliche chinesische Schriftzeichen) die 2.136 Standardzeichen sind, die man braucht, um die Sprache fließend zu beherrschen. Diese jōyō-Kanji sind auch das, was japanischen Kindern von der ersten Klasse bis zum Ende der Oberschule beigebracht wird, es gibt also reichlich Unterrichtsmaterial für diese Kanji.

WO ANFANGEN

Aber wie fangen diese jungen Schüler*innen an, all diese Zeichen zu lernen? Auf die gleiche Art und Weise, wie ihr es tun werdet: durch Wiederholung, Übung und die Begegnung mit Kanji in realen Situationen. Viele der ersten Zeichen, die ihr lernt, sind piktografisch, das heißt, sie stellen die Bedeutung, die mit ihnen verbunden ist, visuell dar. Das Zeichen für Baum, 木 (ki), ähnelt zum Beispiel einem Baum mit einem zentralen Stamm und mehreren Ästen. Das Zeichen für Fluss, 川 (kawa), sieht aus wie ein herabfließender Wasserstrom. Diese piktografischen Kanji machen nur einen kleinen Teil der insgesamt im modernen Japanisch verwendeten Zeichen aus, sind aber eine gute Möglichkeit für Schüler*innen, die neu in logografischen Sprachen sind, sich mit ihnen vertraut zu machen. Das ist auch deshalb von Vorteil, weil viele der ersten piktografischen Kanji zu neuen Kanji zusammengesetzt werden, sodass ihr auf viele neue Zeichen stoßen werdet und bereits einen Hinweis auf die Bedeutung oder den Klang des Zeichens habt.

Wenn die Schriftzeichen komplexer werden, verwenden viele Lernende Mnemotechniken, um sich die Bedeutung der fortgeschrittenen Kanji zu merken, die meist aus 2 oder mehr Teilen, den sogenannten Radikalen, bestehen. Eine bekannte Eselsbrücke für das Zeichen 町 (Stadt, machi) ist zum Beispiel, sich zu merken, dass es ein Reisfeld (田) neben einer Straße (丁) ist, zwei Dinge, die in 100 % aller japanischen Kleinstädte zu finden sind.

Da die meisten Menschen die Kanji in einer ähnlichen Reihenfolge lernen wie japanische Grundschüler*innen, kann das Lesen von Kinderbüchern eine sehr gute Möglichkeit sein, um zu üben, sobald ihr eine solide Grundlage an Zeichen habt. Sobald diese einfacher werden, könnt ihr euch an ein anspruchsvolleres Buch oder an eine andere beliebte Option wagen: Manga. Wie ihr wahrscheinlich schon wisst, sind Manga japanische Comics, die in den letzten Jahren auf der ganzen Welt sehr beliebt geworden sind. Manga sind eine großartige Option für Menschen, die versuchen, mit dem Lesen auf Japanisch anzufangen, denn die Illustrationen helfen sehr beim Verständnis des Textes. Wenn ihr die Schriftzeichen bereits lesen könnt, dann dienen die Zeichnungen als gute Visualisierung der Wörter, damit ihr sie euch besser merken könnt. Wenn ihr hingegen nicht alle Wörter versteht, ist es viel wahrscheinlicher, dass ihr die Bedeutung des Wortes oder Zeichens selbst herausfinden könnt, wenn ihr die Wörter, die ihr versteht, zusammen mit dem Kontext der Illustrationen lest.

LERNEN, KANJI ZU SCHREIBEN (ODER AUCH NICHT)

Nachdem ihr so weit gelesen habt, denkt ihr vielleicht: „Nun, wenn ich hauptsächlich Japanisch sprechen und hören will, muss ich nur Hiragana und Katakana lernen. Ich kann alles in der Sprache mit diesen Schriftzeichen schreiben und muss daher gar nicht lernen, wie man Kanji schreibt."

Und bis zu einem gewissen Grad ist das auch wahr. Ihr könntet theoretisch fließend Japanisch sprechen, ohne ein einziges Kanji zu lernen, und den nächsten großen japanischen Roman komplett in Hiragana schreiben. Jeder, der ihn liest, würde es sehr schwer haben, zwischen den Wörtern zu unterscheiden (in der japanischen Schrift gibt es keine Leerzeichen) und müsste wahrscheinlich die meisten Wörter einzeln aussprechen, um sie zu verstehen, weil er so sehr an das Lesen mit Kanji gewöhnt ist. Aber es ist möglich. Aber wenn ihr in Japan jemals Schilder und Wegbeschreibungen verstehen wollt, wenn ihr jemals etwas schreiben wollt, das leicht zu lesen und zu verstehen ist, wenn ihr jemals einen einzigen Satz in dieser Sprache lesen wollt, müsst ihr lernen.

LESEN (UM KANJI ZU LERNEN)

Von einigen Puristen des Japanischlernens werdet ihr vielleicht hören, dass es – ähnlich wie bei der Immersionsmethode zum Erlernen der gesprochenen Komponente einer Sprache – besser ist, eure Zeit mit schriftlichen Inhalten wie einer Zeitung zu verbringen und einfach jedes Wort nachzuschlagen, bis ihr es versteht. Das ist zwar theoretisch möglich, sobald ihr die Grammatik und die beiden Silbenbücher verstanden habt, aber in den meisten Fällen wird euch das nur frustrieren und eure Finger verkrampfen, weil ihr so viele Kanji von Hand nachschlagen müsst. Wie ich oben schon sagte, ist einfaches Lesen der beste Weg, Japanisch zu lernen, aber erst, wenn ihr die Sprache so gut beherrscht, dass ihr nur noch ein paar Wörter pro Zeile nachschlagen müsst. Es wird Japanischlernende geben, die Ausnahmen sind und bereit und engagiert genug sind, Tag für Tag immer wieder zu versuchen, Zeitungen zu lesen, und ich bin sicher, dass sie mit genügend Zeit großartige Ergebnisse erzielen werden, aber für die meisten empfehle ich, auch nur ein paar Monate zu warten, bevor sie sich in den täglichen schriftlichen Inhalt für Erwachsene stürzen.

IN WELCHER REIHENFOLGE DU KANJI LERNST

In den meisten Kanji-Kursen, -Apps und -Lernbüchern werden euch die Zeichen in einer von 4 Hauptreihenfolgen präsentiert, die sich weitgehend überschneiden. Die Zeichen in diesen Büchern sind oft so angeordnet, wie die Kanji in den japanischen Grundschulen gelehrt werden: von Wörtern, die die Grundbausteine der Bedeutung und der Konversation bilden (Menschen, Klang, Hand, Haus, Kind, essen, trinken, leben usw.) bis hin zu abstrakteren und ungewöhnlicheren Wörtern, wenn die Kinder älter werden. Einige Arbeitsbücher verfolgen einen eher statistischen Ansatz und lehren die Zeichen in der Reihenfolge der häufigsten Kanji bis hin zu den selteneren Zeichen. Ähnlich verhält es sich mit der Reihenfolge der einfachsten Kanji (一, ichi, d. h. 1) bis hin zu einigen der kompliziertesten und dichtesten Zeichen, mit über 20 Strichzahlen (im Grunde die Anzahl der Striche, die der Stift beim Schreiben des Zeichens macht).

Und natürlich basieren viele Lernmaterialien wie dieses Buch auf dem Japanese Language Proficiency Test (JLPT), dem weltweit standardisierten Test, der die Fähigkeiten von Nicht-Muttersprachlern in dieser Sprache misst. Die JLPT-Organisation gibt zwar keine offiziellen Listen heraus, welche Schriftzeichen in den Tests vorkommen und welche nicht, aber nach vielen Jahren der Prüfung haben Ausbilder eine genaue Richtlinie dafür erarbeitet, welche Schriftzeichen wahrscheinlich in jeder Stufe des JLPT vorkommen, von N5 (Grundkenntnisse) bis N1 (muttersprachliche oder muttersprachnahe Kenntnisse). Auch wenn sich alle diese Ordnungsmethoden leicht voneinander unterscheiden, sind sie, wie bereits erwähnt, größtenteils von den grundlegendsten Kanji (in Bezug auf Bedeutung und Strichzahl) bis hin zu den fortgeschritteneren geordnet.

WAS SIND RADIKALE?

Radikale sind die Bezeichnung für die unteilbaren Bausteine der Kanji, also die kleinen Gruppen von Strichen, die unterschiedlich zusammengesetzt werden, um jedes Zeichen zu bilden. Das Zeichen 魑 zum Beispiel, das „Bergdämonen" bedeutet, sieht auf den ersten Blick viel zu kompliziert aus, um es selbst zu schreiben, und erfordert insgesamt 20 Striche – selbst für Muttersprachler*innen ein entmutigend dichtes Kanji. Wenn ihr es jedoch als eine Anordnung von standardisierten Radikalen, einer Sammlung einfacher kleinerer Komponenten (田, 儿, 厶, 亠, 凵 und 内), betrachtet, wird es viel einfacher zu begreifen. Mit einigen dieser Komponenten können wir das Kanji 充 („genug") bilden, ein Zeichen mit denselben Bestandteilen, aber einer ganz anderen Bedeutung.

KANJI DURCH RADIKALE LERNEN

Als fortgeschrittenere Methode des Kanji-Lernens und Auswendiglernens lehren einige Arbeitsbücher Kanji sortiert nach ihren Bedeutungskomponenten, einer speziellen Klasse von Radikalen. Die Bedeutungskomponenten sind die Bestandteile des Kanji, die sich (normalerweise) auf der linken Seite des Zeichens befinden und einen Hinweis auf die Bedeutung des Kanji geben. Wenn ihr mehr Kanji lernt, werdet ihr vielleicht ein Muster erkennen, zum Beispiel, dass die Zeichen für 汁, 沖, 沈 und 渚 alle diese drei kleinen Punkte auf der linken Seite gemeinsam haben. Das liegt daran, dass diese drei Punkte herabtropfende Wassertropfen darstellen sollen, und jedes dieser Zeichen (Brühe, offenes Meer, untergehen bzw. Ufer) hat etwas mit Wasser oder Flüssigkeit in einem abstrakteren Sinne zu tun. Diese Radikale, von denen es traditionell 214 gibt, dienen dazu, die Zeichen in einem Kanji-Wörterbuch zu sortieren, und können sehr hilfreich sein, um die Bedeutung eines Zeichens herauszufinden, vor allem, wenn ihr bereits das andere Zeichen eines Wortes kennt, in dem es vorkommt.

Einige andere gebräuchliche Radikale, die als Bedeutungskomponenten verwendet werden, werden euch auf eurer Japanischreise schnell begegnen: 月 („Mond"), 火 („Feuer"), 木 („Holz"), 金 („Metall") und 土 („Erde"), die alle auch Namen für die Wochentage sind. Einige wenige Radikale, wie 月 (tsuki, Mond), bedeuten etwas ganz anderes, wenn sie als Radikal in einem Kanji verwendet werden. Im Fall von 月 liegt das daran, dass es eine vereinfachte Version von 肉 (niku, Fleisch) ist, wenn es als Radikal verwendet wird, und dass die Bedeutung etwas mit Fleisch zu tun hat. Wenn ihr erst einmal diese wenigen Eigenheiten gelernt und etwa 50 Bedeutungsradikale herausgefunden habt, was schneller der Fall sein wird, als ihr denkt, habt ihr einen kostenlosen Anhaltspunkt für einen großen Teil der neuen Kanji, denen ihr begegnet – einfach so!

LAUTKOMPONENTEN

Während sich die Bedeutungskomponente normalerweise auf der linken Seite eines Kanji befindet, steht auf der rechten Seite die sogenannte Lautkomponente. Die meisten Kanji haben ein Radikal, das auf die Bedeutung hinweist, und eine Lautkomponente, die auf den Laut hinweist und das Zeichen von anderen mit der gleichen Bedeutungskomponente unterscheidet. Beachtet, dass die Lautkomponente nur einen Hinweis auf die chinesische Lesung, das onyomi, gibt und nicht auf die japanische Lesung des Zeichens (auch bekannt als kunyomi), falls es eine solche gibt.

Eine häufige Lautkomponente, die man sich merken sollte, leitet sich zum Beispiel vom Zeichen 方 ab (was „Richtung/Seite" bedeutet, wobei onyomi hou lautet). Dieses Zeichen weist auf den Klang für jedes dieser Zeichen hin: 肪 (bou), 枋 (hou), 彷 (hou), 訪 (hou), 防 (bou), und viele mehr. Wie ihr an den Buchstaben seht, die als bou gelesen werden, ist dies kein perfektes System, aber wenn das onyomi nicht mit dem Zeichen übereinstimmt, von dem die Lautkomponente abgeleitet ist, hat es meistens zumindest den Konsonanten oder den Vokal gemeinsam.

LAUTÄNDERUNGEN IN DER REISE VOM CHINESISCHEN ZUM JAPANISCHEN

Wie bereits erwähnt, sind Chinesisch und Japanisch keine genetisch verwandten Sprachen (d. h., sie stammen nicht von einer gemeinsamen Vorgängersprache ab). Ähnlich wie beim Englischen und Französischen lassen die Tausende von Jahren des kulturellen Austauschs zwischen den beiden Zivilisationen jedoch viele Wörter im Chinesischen und Japanischen recht ähnlich klingen, vor allem Wörter, die komplexere Konzepte und Prozesse beschreiben.

Im modernen Mandarin-Chinesisch wird das Wort für Berg zum Beispiel shān ausgesprochen und 山 geschrieben. Ähnlich wird 山 im Japanischen als „yama" in der japanischen Aussprache gelesen, aber als „san", ganz ähnlich wie im Chinesischen, wenn es an das Ende eines Bergnamens angehängt wird, so wie „Mt." Teil englischer Bergnamen ist. Wenn wir also „Mount Helens" auf Japanisch schreiben wollten, würde es „ヘレナ山" heißen, gelesen als „herena-san". Änderungen wie diese sind im Japanischen sehr verbreitet, und jeder, der auch nur flüchtige Kenntnisse des Chinesischen hat, wird mit einem großen Vorsprung ins Japanischstudium gehen und andersherum.

KANJI-LESUNGEN: KUN'YOMI UND ON'YOMI

Wie bereits erwähnt, hat jedes japanische Kanji-Zeichen mindestens eine Lesung, aber die meisten haben zwei oder mehr Arten, wie sie ausgesprochen werden: eine sogenannte kun'yomi-Lesung und eine sogenannte on'yomi-Lesung. Die kun'yomi-Lesung wird verwendet, wenn man japanische Wörter mit chinesischen Schriftzeichen schreibt und dabei die japanische Aussprache verwendet. Die on'yomi-Lesung hingegen ist die ursprüngliche chinesische Aussprache des Zeichens, die an die japanischen Phoneme (alle Laute, aus denen die Sprache besteht) angepasst wurde. Aus diesem Grund wird das on'yomi meistens verwendet, wenn das Kanji direkt neben einem anderen Kanji im selben Wort steht, da das ganze Wort wahrscheinlich ursprünglich aus einem chinesischen Wort entlehnt wurde.

So kann man sich vorstellen, dass ein Kanji (in der Regel) nur eine Lesung hat, das on'yomi, was so viel wie „Klang-Lesung" bedeutet, während das kun'yomi, was so viel wie „Begriffs-Lesung" bedeutet, ein muttersprachliches japanisches Wort als eine Art visuelle Abkürzung darstellen soll.

Wie ihr euch wahrscheinlich vorstellen könnt, ist es für Japanischlernende am schwierigsten zu verstehen, welche dieser Lesarten beim lauten Lesen verwendet werden soll, und es braucht einfach Zeit, sich die Lesart für jeden Satz oder Kontext, in dem ein Zeichen vorkommt, zu merken. Es gibt jedoch einige allgemeine Regeln, wann man das eine oder das andere verwenden sollte. Wie bereits erwähnt, werden zwei Kanji, die zusammen in einem Wort vorkommen, mit großer Wahrscheinlichkeit mit ihrem on'yomi gelesen. Wenn das Kanji allein oder neben einem Hiragana steht, wird es wahrscheinlich mit seinem kun'yomi gelesen. Wenn das Kanji neben anderen chinesischen Schriftzeichen steht, wird es in der chinesischen Lesung gelesen, aber wenn es neben japanischen Schriftzeichen (z. B. Hiragana) steht, wird es in der japanischen Aussprache gelesen. Außerdem wird bei japanischen Namen für Personen und Orte fast immer das kun'yomi verwendet. Natürlich gibt es, wie bei jeder Regel in der Sprache, viele Ausnahmen, die man sich leider nur durch Ausprobieren einprägen kann. Manche Wörter verwenden sogar dasselbe Zeichen, haben aber unterschiedliche Bedeutungen, je nachdem, ob ihr das on'yomi oder das kun'yomi verwendet! Aber mit der Zeit wird alles einen Sinn ergeben und die Grundregeln, die ich aufgestellt habe, werden euch triumphierend durch einen großen Teil der Wörter tragen, denen ihr begegnet.

STRICHFOLGE

Beim Schreiben von Kanji gibt es für jedes Zeichen eine bestimmte Art, es auszuschreiben, die „richtig" ist. Diese wird als Strichfolge bezeichnet. Aber keine Sorge, es gibt ein paar einfache Regeln, die ihr befolgen könnt und die euch bei allen Kanji, die ihr im Alltag und darüber hinaus verwendet, helfen, euch an Kanji zu erinnern, die ihr sonst vergessen würdet. Erinnert ihr euch an die Radikale von vorhin? Diese kleinen Komponenten sind besonders wichtig, um die Strichfolge zu verstehen, ohne sich zu sehr zu verrenken. Einfach gesagt, wird jedes Radikal in einer bestimmten Reihenfolge geschrieben, und zwar (fast) immer von links nach rechts und von oben nach unten. Genauso werden die Kanji Radikal für Radikal geschrieben, von links nach rechts und von oben nach unten. Wenn ihr euch an unsere Diskussion über die Bedeutungs- und Lautkomponenten erinnert, bedeutet das, dass ihr die Bedeutungskomponente zuerst schreibt, da sie sich auf der linken Seite befindet, und dann die Lautkomponente, da sie normalerweise auf der rechten Seite steht. Wie schon gesagt, gibt es auch hier Ausnahmen, wie zum Beispiel die Bedeutungskomponente 辶 („Straße" oder „vorwärts"), die normalerweise als letztes Radikal in einem Kanji geschrieben wird.

So wie euch das Erinnern an die Radikale beim Lesen und Verstehen von Kanji hilft, hilft euch das Erinnern an die Strichfolge beim Schreiben von Kanji, denn so seht ihr kein Durcheinander von Strichen und Bindestrichen, sondern ein kohärentes Symbol mit einer standardisierten, regelmäßigen Art und Weise, es zu schreiben, sodass eures mit dem von allen anderen übereinstimmt. Die richtige Strichfolge ist auch ein wichtiger Bestandteil einer guten Handschrift, denn es ist sehr schwer, die richtige Balance und Größe der einzelnen Striche zu halten, wenn ihr sie wahllos in beliebiger Reihenfolge schreibt. Und im modernen Zeitalter ist die Strichfolge sehr wichtig, wenn ihr ein Zeichen auf einem Touchscreen zeichnet, um zum Beispiel die Lesung eines Kanji in einem Buch nachzuschlagen. Weil, wie bereits erwähnt, die Bedeutungskomponente oft zuerst geschrieben wird, berücksichtigen Computer die Strichfolge, um das Zeichen zu erkennen, das ihr auf den Bildschirm zeichnet. Wenn ihr mit falscher Strichfolge schreibt, ist es viel unwahrscheinlicher, dass der Prozessor das richtige Zeichen erkennt, das ihr sucht. Das ist also etwas, worauf ihr besonders achten solltet, wenn ihr auf einem Smartphone lernt.

PUNKTE UND STRICHE: KANJI SELBST SCHREIBEN

Das ist also alles. Eine umfassende Geschichte und Anleitung zum Erlernen dieses anspruchsvollen, aber schönen Teils der japanischen Sprache. Wenn ihr bis hierher gelesen habt, kennt ihr bereits die vielen ineinander greifenden Teile, aus denen sich Form, Klang und Bedeutung der einzelnen Zeichen zusammensetzen, und jetzt stellt sich nur noch eine Frage: „Wie schreibe ich sie denn nun selbst?"

Natürlich ist die Kunst der japanischen Kalligrafie für manche eine lebenslange Reise zur Meisterschaft, und genau wie die Meisterkalligrafen werdet auch ihr nicht über Nacht eine perfekte Handschrift erlangen. Aber diese grundlegenden Richtlinien und Prinzipien werden euch auf dem Weg zu perfekt ausgewogenen und schönen Schriftzeichen helfen!

Wie bei vielen Schriftsystemen sind viele Kanji einander sehr ähnlich, und ihre Bedeutung kann sich aufgrund kleiner Unterschiede völlig verändern. Ist euch zum Beispiel schon mal aufgefallen, wie ähnlich ein kleines „f" und ein kleines „t" aussehen? Wie im Deutschen werden diese Unterschiede nicht in der absoluten Größe, sondern in der relativen Länge der Striche zu anderen innerhalb des Zeichens erkannt. Zwei Kanji zum Beispiel, denen ihr schon recht früh in eurem Studium begegnen werdet, 土 (DO, „Boden") und 士 (SHI, „Krieger"), unterscheiden sich nur dadurch, welcher der beiden Striche länger ist, wie ihr sehen könnt. Das ist auch bei 未 (MI, „noch nicht") und 末 (MATSU, „Ende") der Fall, zwei weiteren üblichen Zeichen. Zum Glück sind die Begriffe, die diese Kanji darstellen, so unterschiedlich, dass ihr nur selten jemanden verwirren werdet, wenn ihr aus Versehen das falsche schreibt, aber wenn ihr euch die Länge der einzelnen Striche im Verhältnis zu den anderen, in jedem Zeichen, dem ihr begegnet, merkt, könnt ihr schnell anfangen, ausgewogenere und präzisere Kanji zu schreiben.

Ebenso ist es für eine saubere und leserliche Handschrift wichtig, bei einigen Zeichen Freiraum zu lassen, anstatt alles zusammenzupacken. Zum Beispiel würde 八, das Zeichen für 8, ohne den entscheidenden Freiraum in der Mitte, wo die Striche auseinander liegen, schnell dem 入 (hai-ru, „eintreten") ähneln.

Bei diesen letzten Tipps geht es weniger darum, aus Versehen das falsche Zeichen zu schreiben, sondern vielmehr darum, die Zeichen so zu schreiben, wie sie traditionell geschrieben werden, damit eure Handschrift nicht unnatürlich aussieht. Achtet beim Schreiben immer darauf, welche Striche aufeinander treffen und wie sie sich überschneiden. Wenn sich zwei Striche berühren, überschneiden sie sich entweder und ein Strich ragt aus dem anderen heraus, oder sie bilden ein T, aus dem nichts herausragt.

Bei dem Zeichen 止 (to-meru, „anhalten") zum Beispiel laufen alle Striche gegeneinander, aber keiner geht über die Linie hinaus, die sie berühren. Vergleicht dies mit dem Zeichen 生 (SEI, „Leben"), das viele sich überschneidende Striche hat. Bei den Strichen, die sich nicht überschneiden, gibt es drei Möglichkeiten, den Strich zu beenden, wenn er zu Ende ist. Es gibt den Vollstopp, bei dem euer Stift oder Pinsel am Ende des Strichs zum Stillstand kommt. Wenn wir auf 止 zurückblicken, können wir sehen, dass jeder einzelne Strich mit Vollstopp endet. Im Gegensatz dazu gibt es den anhaltenden Pinselstrich, der im Grunde immer schwächer wird, da ihr weniger Druck über die gesamte Länge des Strichs ausübt. Zeichen mit schräg nach unten verlaufenden Linien wie 大, 人, 木, 本 usw. verwenden alle diesen anhaltenden Strich. Die letzte der üblichen Arten, wie Striche enden, ist eine Kurve oder ein Haken. Haken sind mehr oder weniger selbsterklärend: Wenn ein Strich endet, macht er manchmal einen Haken nach unten oder oben, fast im rechten Winkel zur ursprünglichen Linie. Dieser Haken ist in Kanji mit dem „Hellebarden"-Radikal wie 戈, 式 oder 代 sehr akzentuiert, wie du sehen kannst, aber er ist auch auf der rechten Seite des „Hutes" in 学 (GAKU, „Lernen") vorhanden.

Gekrümmte Linien sind meist paarweise am unteren Ende von Zeichen zu sehen, wobei eine in jede Richtung geht. Einige Beispiele sind 兵, 穴 und 典. In der Handschrift ist die linke Kurve oft kürzer und gerader, während die rechte Kurve weniger kantig ist und länger braucht, um auf der Seite zu verschwinden. Eine häufige Variante dieses Musters mit zwei Kurven am unteren Ende hat einen Haken am Ende, wie zum Beispiel in 見 oder

Jetzt könnt ihr das Studium der Kanji mit einem großen Vorsprung in Bezug auf die Regeln und Traditionen des Schriftsystems angehen. Die Kenntnis von Radikalen und Mnemotechniken hilft euch beim Einprägen, Lautkomponenten geben euch manchmal eine Abkürzung, wenn ihr wisst, wie die Lautkomponente ausgesprochen wird, und euer Wissen über die Strichfolge und die Schreibrichtlinien lassen euch vom ersten Tag an schöne Zeichen lernen und schreiben. Viel Glück und 頑張りましょう (versuche dein Bestes)!

Teil 2

HIRAGANA UND KATAKANA TABELLEN

Diese Tabelle zeigt die 46 grundlegenden Hiragana mit einer Schreibweise in Romaji für einen ähnlichen phonetischen Klang. Die Vokallaute stehen oben und ihre Gegenstücke mit Konsonantenlauten sind darunter abgebildet. **Beachte die Ausnahme „n"– außerdem ist *wo ein ungewöhnliches Kana.*

Vokallaute

	a	i	u	e	o
	あ a	い i	う u	え e	お o
k	か ka	き ki	く ku	け ke	こ ko
s	さ sa	し shi	す su	せ se	そ so
t	た ta	ち chi	つ tsu	て te	と to
n	な na	に ni	ぬ nu	ね ne	の no
h	は ha	ひ hi	ふ fu	へ he	ほ ho
m	ま ma	み mi	む mu	め me	も mo
y	や ya		ゆ yu		よ yo
r	ら ra	り ri	る ru	れ re	ろ ro
w	わ wa		ん **n		を *wo

Konsonanten

DIAKRITISCHE ZEICHEN

Zusätzlich zu den grundlegenden Hiragana gibt es 25 diakritische Zeichen. Diese stehen für ähnlich klingende Silben, die unterschiedlich ausgesprochen werden. Es sind im Wesentlichen die gleichen Grundsymbole, aber mit zusätzlichen Zeichen, die anzeigen, dass sie mit einem leicht veränderten Klang ausgesprochen werden sollten:

Normal   *mit Dakuten*   *mit Handakuten*

Grundlegende Hiragana mit diesen kleinen Strichen *(dakuten)* oder einem Kreis *(handakuten)* darüber zeigen, dass der konsonantische Teil des Lautes beim Sprechen verändert werden muss:

- **k**-Laute werden mit einem G-Laut ausgesprochen.
- **s**-Laute werden zu einem Z-Laut (außer し).
- **t**-Laute werden zu D-Lauten.
- **h**-Laute werden bei dakuten zu B-Lauten.
  ...Laute werden bei dakuten zu B-Lauten.

		a	i	u	e	o
k ▸ g		が ga	ぎ gi	ぐ gu	げ ge	ご go
s ▸ z		ざ za	じ ji	ず zu	ぜ ze	ぞ zo
t ▸ d		だ da	ぢ dzi (ji)	づ dzu	で de	ど do
h ▸ b		ば ba	び bi	ぶ bu	べ be	ぼ bo
h ▸ p		ぱ pa	ぴ pi	ぷ pu	ぺ pe	ぽ po

DIGRAPHEN

Diese Symbole werden Digraphen genannt – sie verwenden zwei Grundzeichen, die wir bereits gesehen haben, und zeigen an, wo zwei Silbenlaute miteinander kombiniert werden, um eine neue Silbe zu bilden:

き ＋ や ＝ きゃ
(ki)　(ya)　　(kya)

Wenn ihr diese Buchstaben schreibt, ist es wichtig, dass das zweite Zeichen deutlich kleiner als das erste gezeichnet wird. So können wir erkennen, dass die beiden Laute kombiniert werden sollen.

Die Aussprache dieser sogenannten zusammengesetzten Hiragana-Laute ist ganz einfach – zum Beispiel wird き (ki) + や (ya) zu きゃ (kya) und wir sprechen es wie „Kija" ohne den „J"-*Laut aus.*

Lasst euch von der Tabelle unten nicht abschrecken – alle Digraphen werden ausschließlich mit Buchstaben aus der Spalte い/i gebildet (mit Ausnahme von sich selbst) und sie werden nur durch Buchstaben aus der Zeile Y verändert!

きゃ kya	きゅ kyu	きょ kyo		ぎゃ gya	ぎゅ gyu	ぎょ gyo
しゃ sha	しゅ shu	しょ sho		じゃ ja	じゅ ju	じょ jo
ちゃ cha	ちゅ chu	ちょ cho		にゃ nya	にゅ nyu	にょ nyo
ひゃ hya	ひゅ hyu	ひょ hyo		びゃ bya	びゅ byu	びょ byo
ぴゃ pya	ぴゅ pyu	ぴょ pyo		りゃ rya	りゅ ryu	りょ ryo
みゃ mya	みゅ myu	みょ myo				

DOPPELKONSONANTEN

Wir müssen uns auch bewusst sein, dass einige japanische Wörter einen doppelten Konsonantenlaut enthalten. Wenn wir diese Wörter schreiben, fügen wir ein zusätzliches Symbol in Form eines kleinen つ/tsu (genannt sokuon) hinzu, um zu zeigen, dass es anders ausgesprochen werden muss. Schauen wir uns ein Beispiel an:

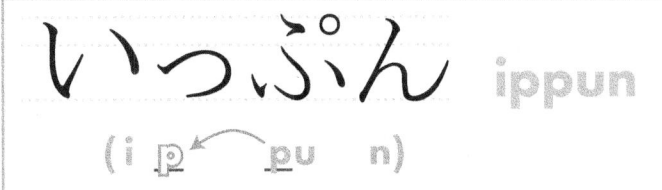

Ohne das kleine つ (tsu) hat das Wort いぷん (ipun) keine Bedeutung, aber いっぷん (ippun), mit dem sokuon, bedeutet (eine) Minute.

Beachtet, dass das kleine つ vor dem Zeichen steht, von dem es den zusätzlichen Konsonantenlaut übernimmt. Bei Wörtern mit diesem Modifikator wird der konsonantische Teil des Zeichens, das ihm folgt (in diesem Beispiel das „P" von „pu"), an das Ende des Lautes davor angefügt.

Beide Konsonanten müssen beim Sprechen des Wortes getrennt gehört werden, so als ob man „ip-pun" sagen würde, aber ohne eine Lücke zu lassen, die man hören kann.

LANGE VOKALLAUTE

Genauso wie es doppelte Konsonantenlaute gibt, müssen wir uns auch der verlängerten Vokallaute bewusst sein (z. B. aa, ii. oo, ee und uu). Beim Sprechen verlängern wir einfach die Dauer des Lautes (normalerweise doppelt), aber beim Schreiben dieser Wörter wird der lange Vokal mit einem zusätzlichen Zeichen (chouon genannt) dargestellt. Welches Zeichen verwendet wird, hängt vom jeweiligen Vokal ab:

Vokal	Verlängerung
a	あ
i / e	い
u / o	う

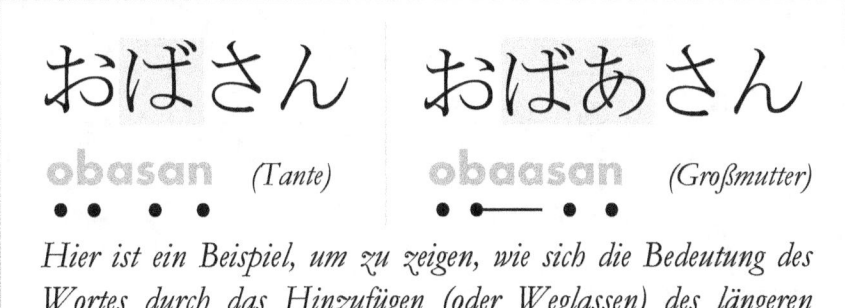

Hier ist ein Beispiel, um zu zeigen, wie sich die Bedeutung des Wortes durch das Hinzufügen (oder Weglassen) des längeren Vokals ändert!

Die japanische Sprache ist voller Ausnahmen, aber die lernt man mit der Erfahrung. Es ist nur nützlich, sich der doppelten Konsonanten und Vokale bewusst zu sein, damit ihr sie verstehen könnt, wenn ihr sie seht!

Diese Tabelle zeigt die 46 grundlegenden Katakana mit einer Schreibweise in Romaji für einen ähnlichen phonetischen Klang. Die Vokallaute stehen oben und ihre Gegenstücke mit Konsonantenlauten sind darunter abgebildet. **Beachtet die Ausnahme „n" – außerdem ist *wo ein ungewöhnliches Kana.

Vokallaute

	a	i	u	e	o
	ア a	イ i	ウ u	エ e	オ o
k	カ ka	キ ki	ク ku	ケ ke	コ ko
s	サ sa	シ shi	ス su	セ se	ソ so
t	タ ta	チ chi	ツ tsu	テ te	ト to
n	ナ na	ニ ni	ヌ nu	ネ ne	ノ no
h	ハ ha	ヒ hi	フ fu	ヘ he	ホ ho
m	マ ma	ミ mi	ム mu	メ me	モ mo
y	ヤ ya		ユ yu		ヨ yo
r	ラ ra	リ ri	ル ru	レ re	ロ ro
w	ワ wa		ン **n		ヲ *wo

Konsonanten

DIAKRITISCHE ZEICHEN

Genau wie in Hiragana gibt es auch in Katakana 25 diakritische Zeichen. Sie werden auf die gleiche Weise verwendet, um anzuzeigen, wenn ähnlich klingende Silben unterschiedlich ausgesprochen werden müssen. Noch praktischer ist, dass die Zeichen, die diese Lautveränderung anzeigen, identisch sind:

Normal   *mit Dakuten*   *mit Handakuten*

Die Regeln für diakritische Zeichen in Katakana funktionieren genauso. Dakuten und handakuten zeigen uns, dass der konsonantische Teil des Lautes beim Sprechen verändert werden muss:

- **k**-Laute werden mit einem G-Laut ausgesprochen.
- **s**-Laute werden zu einem Z-Laut (außer し).
- **t**-Laute werden zu D-Lauten.
- **h**-Laute werden bei dakuten zu B-Lauten.
  ...oder P-Laute mit dem handakuten.

	a	i	u	e	o
k ▶ g	ガ ga	ギ gi	グ gu	ゲ ge	ゴ go
s ▶ z	ザ za	ジ ji	ズ zu	ゼ ze	ゾ zo
t ▶ d	ダ da	ヂ dzi (ji)	ヅ dzu	デ de	ド do
h ▶ b	バ ba	ビ bi	ブ bu	ベ be	ボ bo
h ▶ p	パ pa	ピ pi	プ pu	ペ pe	ポ po

DIGRAPHEN

Hier sind auch die **Digraphen** für Katakana – auch hier verwenden wir zwei Grundzeichen, um zu zeigen, wo zwei Silbenlaute zu einem weiteren kombiniert werden. Ganz einfach, oder?

キ + ヤ = キャ
(ki)   (ya)   (kya)

Die verwendeten Zeichen haben die gleichen Laute wie die beiden entsprechenden Hiragana. Die Wichtigkeit, das zweite Zeichen kleiner zu schreiben als das erste, gilt nach wie vor.

Die Aussprache dieser sogenannten zusammengesetzten Katakana-Laute ist genauso einfach – zum Beispiel wird aus キ (ki) + ヤ (ya) キャ (kya) und wir sprechen es als „Kija" ohne den „J"-Laut aus.

Diese Tabelle sieht kompliziert aus, aber denkt daran, dass Digraphen ausschließlich mit Buchstaben aus der Spalte イ /i (außer sich selbst) gebildet und durch Buchstaben aus der Zeile Y verändert werden!

キャ	キュ	キョ		ギャ	ギュ	ギョ
kya	kyu	kyo		gya	gyu	gyo
シャ	シュ	ショ		ジャ	ジュ	ジョ
sha	shu	sho		ja	ju	jo
チャ	チュ	チョ		ニャ	ニュ	ニョ
cha	chu	cho		nya	nyu	nyo
ニャ	ヒュ	ヒョ		ビャ	ビュ	ビョ
hya	hyu	hyo		bya	byu	byo
ピャ	ピュ	ピョ		リャ	リュ	リョ
pya	pyu	pyo		rya	ryu	ryo
ミャ	ミュ	ミョ				
mya	myu	myo				

DOPPELKONSONANTEN

Japanische Wörter mit Katakana können auch einen doppelten Konsonantenlaut enthalten. Diese Wörter haben auch das kleine ツ / tsu (genannt sokuon), um zu zeigen, dass es anders ausgesprochen werden sollte. Schauen wir uns ein weiteres Beispiel für Katakana an:

ペット

petto

(pe t̬ to)

Ohne das kleine ツ (tsu) hat das Wort ペト (peto) keine Bedeutung, aber ペット (petto), mit dem sokuon, bedeutet Haustier – wie ein Hamster oder eine Katze!

Beachtet, dass das kleine ツ vor dem Zeichen steht, von dem es den zusätzlichen Konsonantenlaut übernimmt. Bei Wörtern mit diesem Modifikator wird der konsonantische Teil des Zeichens, das ihm folgt (in diesem Beispiel das „T" von "to"), an das Ende des Lautes davor angefügt.

Beide Konsonanten müssen beim Sprechen des Wortes getrennt voneinander zu hören sein, so als ob man „pet-to" sagen würde, aber ohne eine Lücke zu lassen, die man hören kann.

LANGE VOKALLAUTE

Wir müssen uns immer noch der verlängerten Vokallaute bewusst sein (z. B. aa, ii. oo, ee und uu). Beim Sprechen wird die Dauer des Lautes verlängert (in der Regel noch einmal verdoppelt), aber beim Schreiben in Katakana verwenden wir einen Strich ー (genannt 伸ばし棒, was wörtlich „Längungsstrich" bedeutet).

Das ist ein Unterschied zwischen Katakana und Hiragana, abgesehen von den Formen, da Katakana ein zusätzliches Vokalsymbol verwendet, um einen langen Vokal zu kennzeichnen. Schauen wir uns einige Beispiele an:

フ + リ = フリー   ケ + キ = ケーキ

(fu) (ri)—   fu-rii (kostenlos)   (ke)— (ki)   kee-ki (Kuchen)

Es ist erwähnenswert, dass der „Längungsstrich" zu einer vertikalen Linie gedreht wird, wenn der Text vertikal geschrieben wird.

Teil 3

STRICHFOLGE-DIAGRAMME

KANJI #	RADIKAL	STRICHE	BEDEUTUNG	UNICODE
0012	日	4	**Tag, Sonne, Japan, Zählwort für Tage**	65E5

ONYOMI

ニチ、ジツ

nichi, jitsu

KUNYOMI

ひ、-び、-か

hi, -bi, -ka

VOKABELN

毎日(まいにち)	jeden Tag	明日(あした)	morgen
今日 (きょう)	heute	休日 （きゅうじつ）	Feiertag
昨日(きのう)	gestern	日曜日(にちようび)	Sonntag

STRICHFOLGE   Wie dieses Kanji gezeichnet wird

ÜBUNG   Zeichnet und übt dieses Kanji unten

STILE   日 日 日 日 日 日 日 日

KANJI #	RADIKAL	STRICHE	BEDEUTUNG	UNICODE
0001	一	1	**eins**	4E00

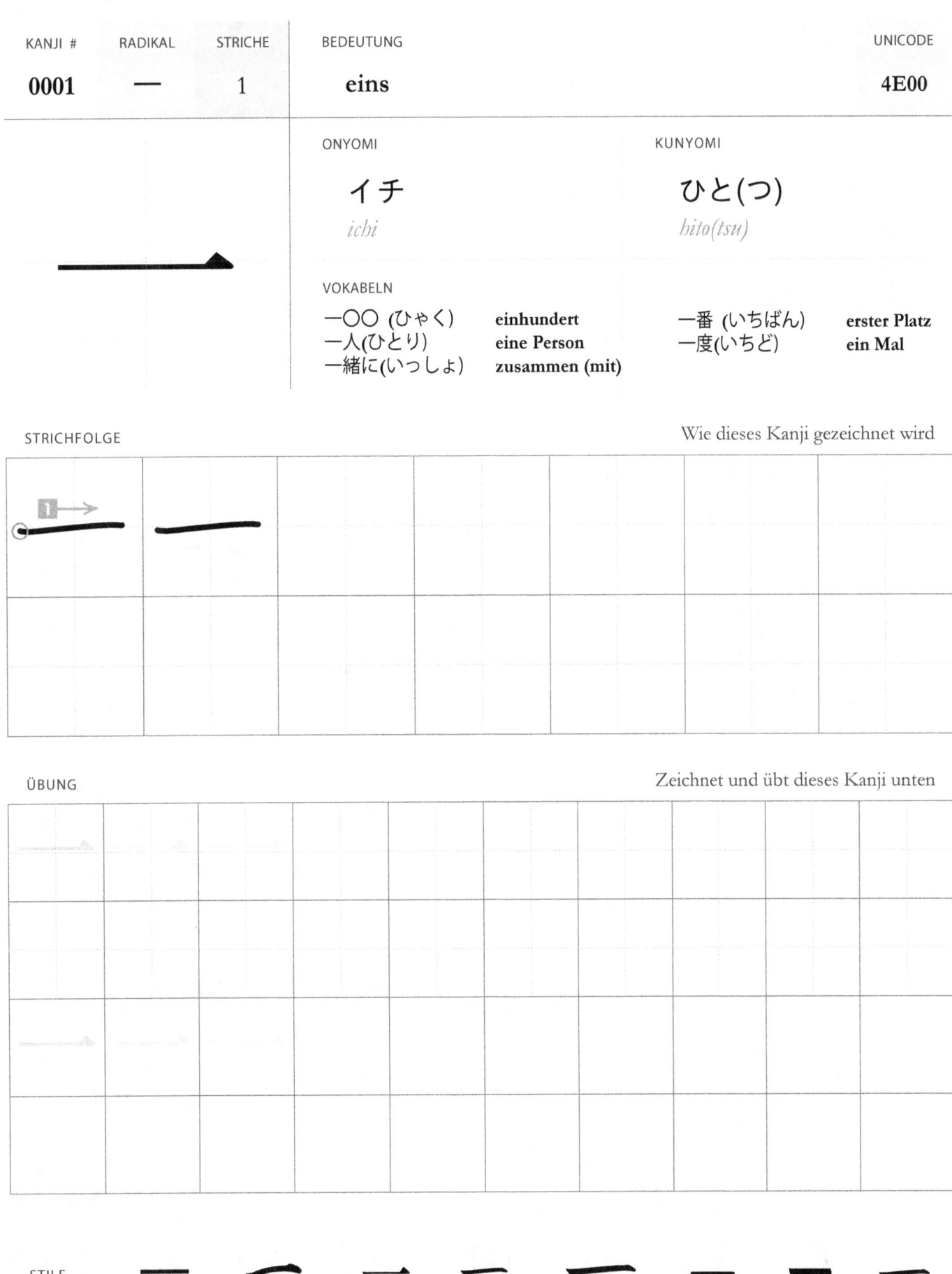

ONYOMI

イチ
ichi

KUNYOMI

ひと(つ)
hito(tsu)

VOKABELN

一〇〇 (ひゃく)　　**einhundert**
一人(ひとり)　　**eine Person**
一緒に(いっしょ)　　**zusammen (mit)**

一番 (いちばん)　　**erster Platz**
一度(いちど)　　**ein Mal**

STRICHFOLGE   Wie dieses Kanji gezeichnet wird

ÜBUNG   Zeichnet und übt dieses Kanji unten

STILE

KANJI #	RADIKAL	STRICHE	BEDEUTUNG		UNICODE
0624	囗	8	**Land**		**56FD**

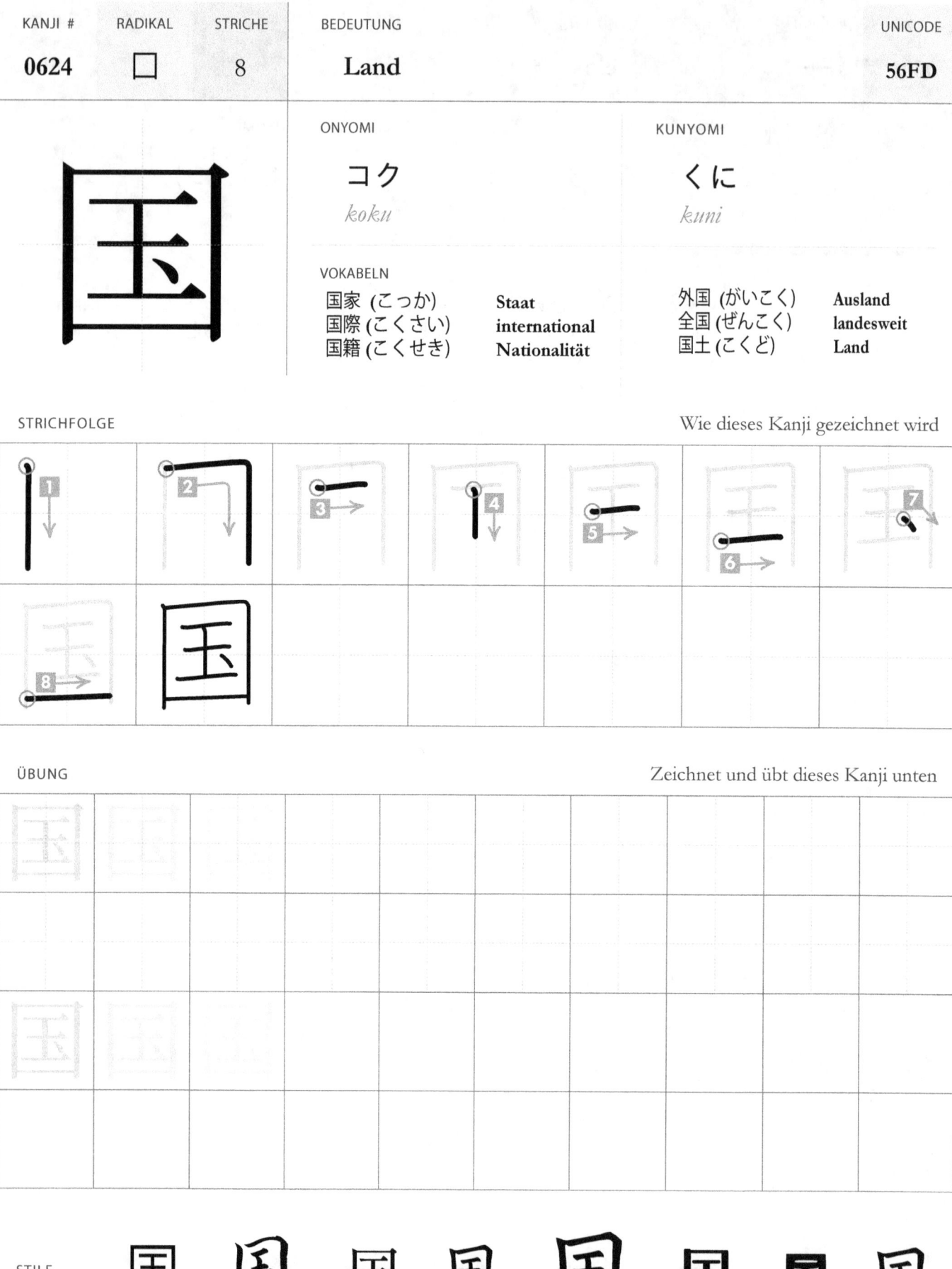

ONYOMI

コク
koku

KUNYOMI

くに
kuni

VOKABELN

国家 (こっか)   **Staat**
国際 (こくさい)   **international**
国籍 (こくせき)   **Nationalität**

外国 (がいこく)   **Ausland**
全国 (ぜんこく)   **landesweit**
国土 (こくど)   **Land**

STRICHFOLGE   Wie dieses Kanji gezeichnet wird

ÜBUNG   Zeichnet und übt dieses Kanji unten

STILE   国   国   国   国   国   国   国   国

人

ONYOMI

ジン、ニン

jin, nin

KUNYOMI

ひと

hito

VOKABELN

人生 (じんせい)　Leben
人口 (じんこう)　Bevölkerung
人類 (じんるい)　Menschheit

二人 (ふたり)　zwei Personen
犯人 (はんにん)　Täter*in
友人 (ゆうじん)　Freund*in

STRICHFOLGE

Wie dieses Kanji gezeichnet wird

ノ 人 人

ÜBUNG

Zeichnet und übt dieses Kanji unten

STILE　人 人 人 人 人 人 人 人

KANJI #	RADIKAL	STRICHE	BEDEUTUNG	UNICODE
1114	干	6	Jahr, Zählwort für Jahre	5E74

年

ONYOMI

ネン
nen

KUNYOMI

とし
toshi

VOKABELN

年齢 (ねんれい)   Alter; Jahre
年月 (としつき)   Monat und Jahre
年金 (ねんきん)   Rente; Pension

毎年 (まいとし)   jedes Jahr
今年 (ことし)   dieses Jahr
来年 (らいねん)   nächstes Jahr

STRICHFOLGE   Wie dieses Kanji gezeichnet wird

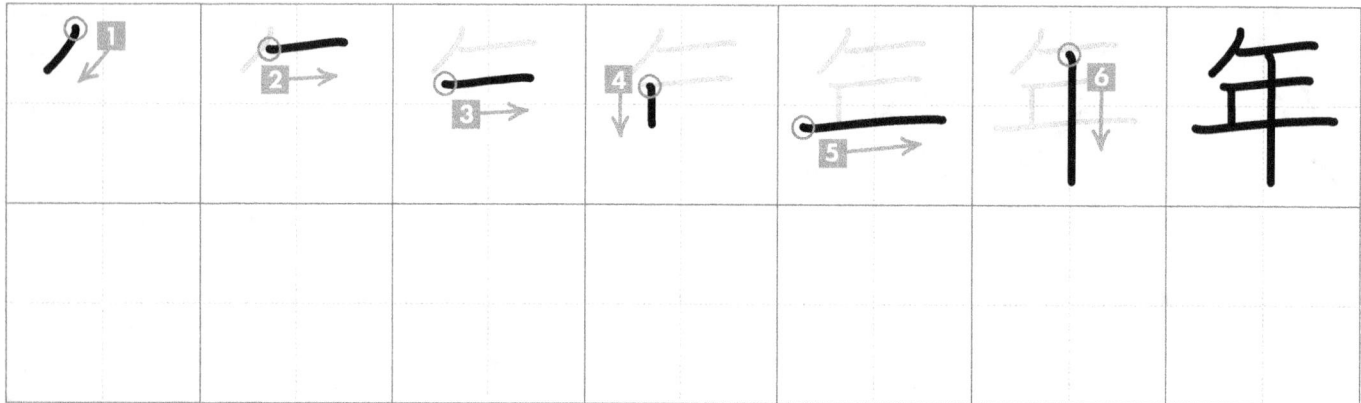

ÜBUNG   Zeichnet und übt dieses Kanji unten

STILE   年　年　年　年　年　年　年　年

KANJI #	RADIKAL	STRICHE	BEDEUTUNG		UNICODE
0112	大	3	**groß**		**5927**

ONYOMI

ダイ、タイ
dai, tai

KUNYOMI

おお(きい)
oo(kii)

VOKABELN

大人 (おとな)　　**Erwachsener**
大きい (おお)　　**groß**
大会 (たいかい)　　**Veranstaltung**

肥大 (ひだい)　　anschwellen; vergrößern
特大 (とくだい)　　**extra groß**
絶大 (ぜつだい)　　**äußerst groß**

STRICHFOLGE　　　　　　　　　　　　　　　Wie dieses Kanji gezeichnet wird

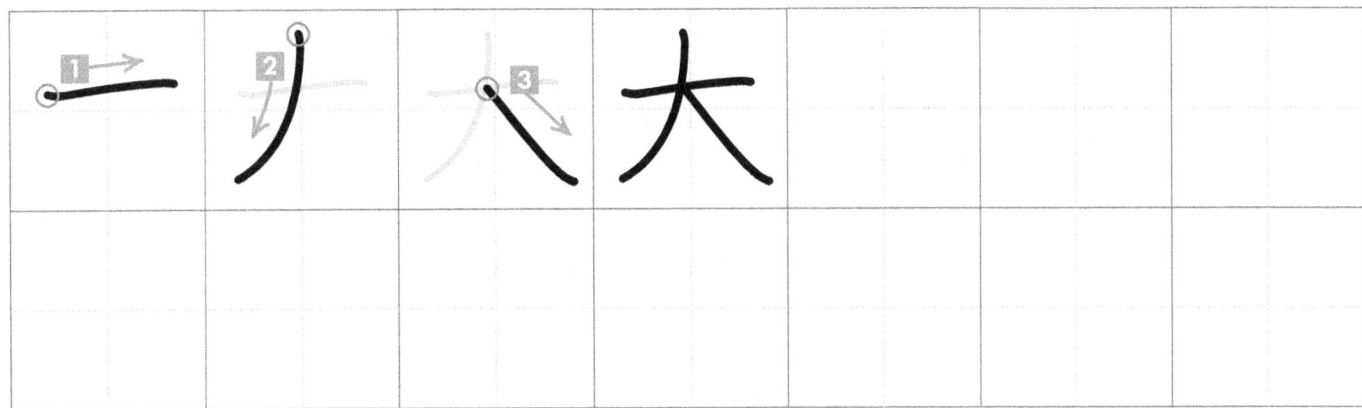

ÜBUNG　　　　　　　　　　　　　　　Zeichnet und übt dieses Kanji unten

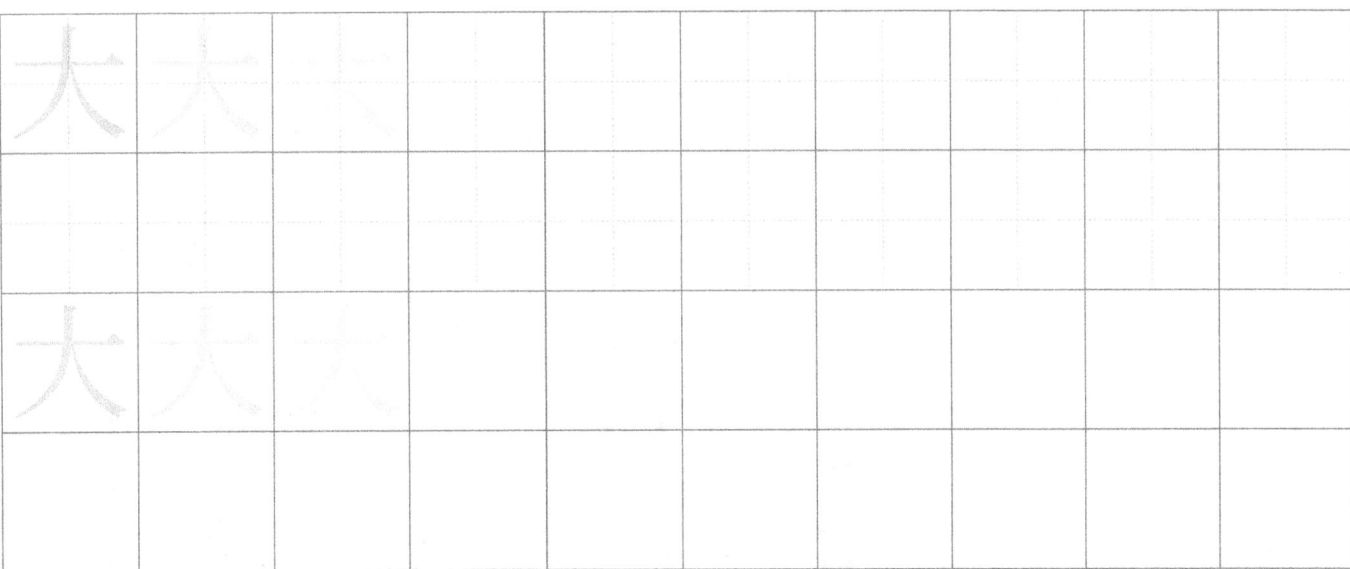

STILE　　大　大　大　大　大　大　★　大

KANJI #	RADIKAL	STRICHE	BEDEUTUNG		UNICODE
0010	十	2	**zehn, 10**		**5341**

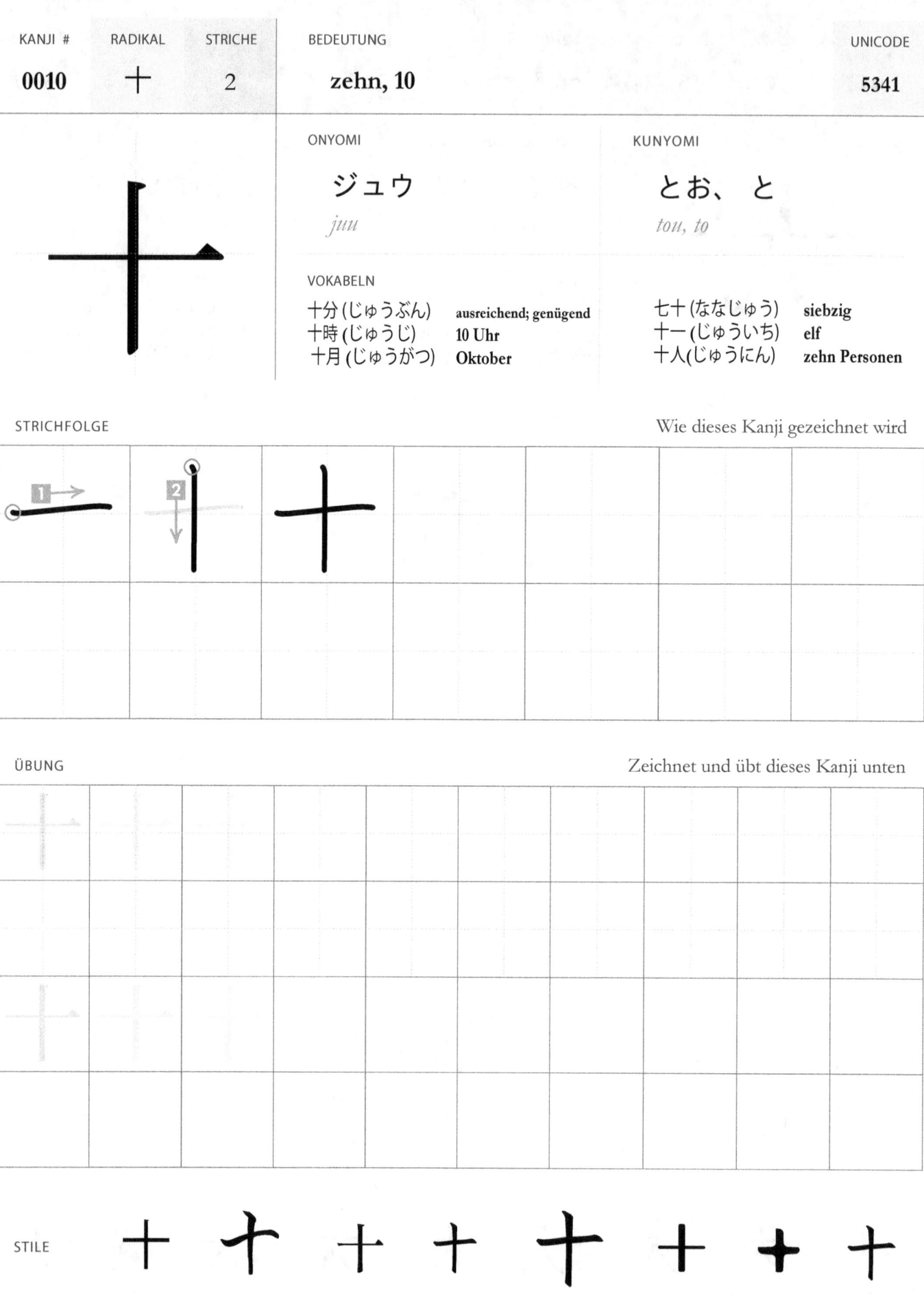

ONYOMI

ジュウ

juu

KUNYOMI

とお、と

tou, to

VOKABELN

十分 (じゅうぶん)	ausreichend; genügend	七十 (ななじゅう)	siebzig
十時 (じゅうじ)	10 Uhr	十一 (じゅういち)	elf
十月 (じゅうがつ)	Oktober	十人 (じゅうにん)	zehn Personen

STRICHFOLGE   Wie dieses Kanji gezeichnet wird

ÜBUNG   Zeichnet und übt dieses Kanji unten

STILE

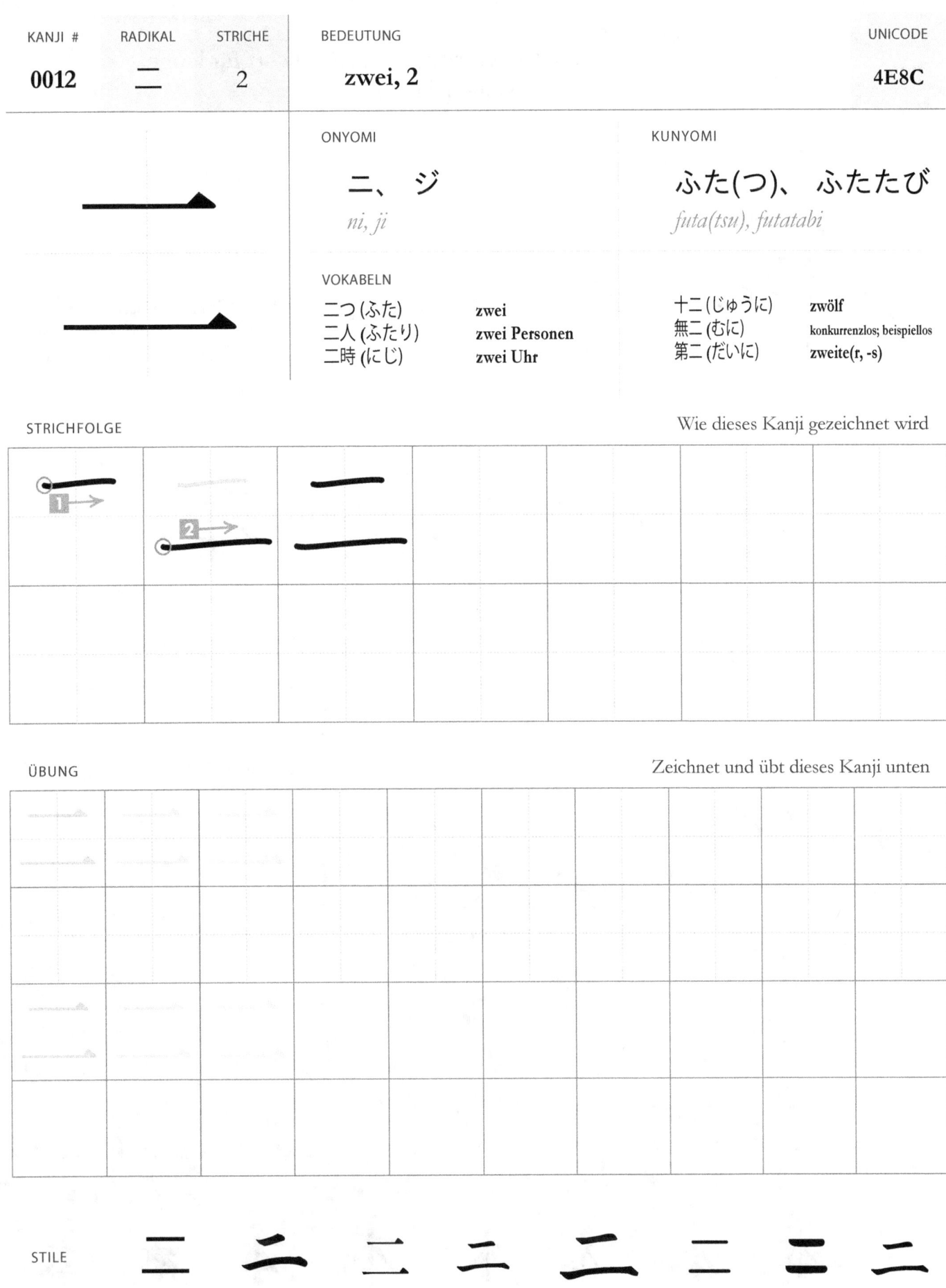

ONYOMI

二、ジ
ni, ji

KUNYOMI

ふた(つ)、ふたたび
futa(tsu), futatabi

VOKABELN

二つ (ふた)	**zwei**	
二人 (ふたり)	**zwei Personen**	
二時 (にじ)	**zwei Uhr**	

十二 (じゅうに)	**zwölf**	
無二 (むに)	konkurrenzlos; beispiellos	
第二 (だいに)	**zweite(r, -s)**	

STRICHFOLGE

Wie dieses Kanji gezeichnet wird

ÜBUNG

Zeichnet und übt dieses Kanji unten

STILE

33

KANJI #	RADIKAL	STRICHE	BEDEUTUNG	UNICODE
0224	木	5	**Buch, Gegenwart, wahr, Zählwort für lange, schmale Gegenstände**	**672C**

ONYOMI	KUNYOMI
ホン	もと
hon	*moto*

VOKABELN

本来 (ほんらい)	ursprünglich; hauptsächlich	日本 (にほん)	Japan
本名 (ほんみょう)	richtiger Name	基本 (きほん)	Fundament; Basis
本日 (ほんじつ)	heute	手本 (てほん)	Schönschreibheft

STRICHFOLGE

Wie dieses Kanji gezeichnet wird

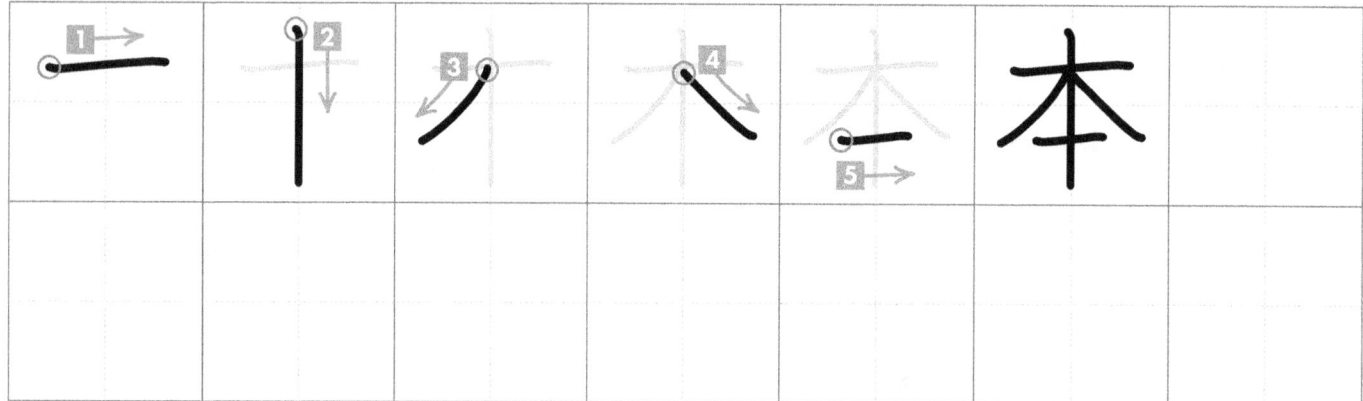

ÜBUNG

Zeichnet und übt dieses Kanji unten

STILE 本 本 本 本 本 本 本 本

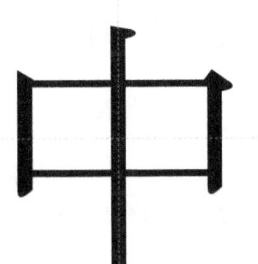

ONYOMI

チュウ

chuu

KUNYOMI

なか、うち、あた(る)

naka, uchi, ata(ru)

VOKABELN

中国 (ちゅうごく)	China	途中 (とちゅう)	Unterwegs
中止 (ちゅうし)	Suspendierung	集中 (しゅうちゅう)	Konzentration
中身 (なかみ)	Inhalt	市中 (しちゅう)	in der Stadt

STRICHFOLGE

Wie dieses Kanji gezeichnet wird

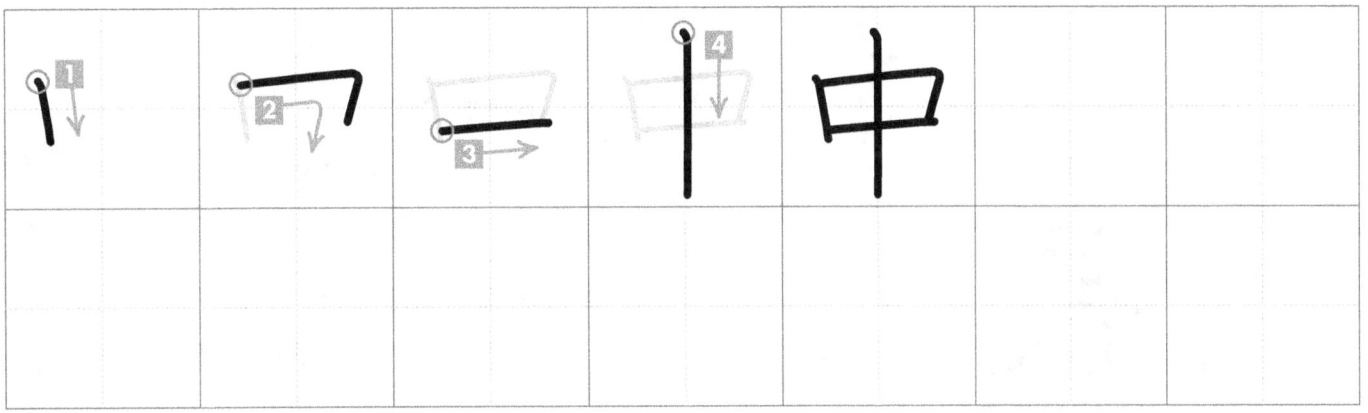

ÜBUNG

Zeichnet und übt dieses Kanji unten

STILE 中　中　中　中　中　中　中　中

KANJI #	RADIKAL	STRICHE	BEDEUTUNG	UNICODE
2070	長	8	lang, Leiter, Vorgesetzter, Älterer	9577

ONYOMI

チョウ
chou

KUNYOMI

なが(い)、おさ
naga(i), osa

VOKABELN

長年 (ながねん)　　lange Zeit
長期 (ちょうき)　　langfristig
長所 (ちょうしょ)　　Stärke

社長 (しゃちょう)　　Firmenchef
全長 (ぜんちょう)　　Gesamtlänge
機長 (きちょう)　　pilot

STRICHFOLGE　　　　　　　　　　　　　　　　　Wie dieses Kanji gezeichnet wird

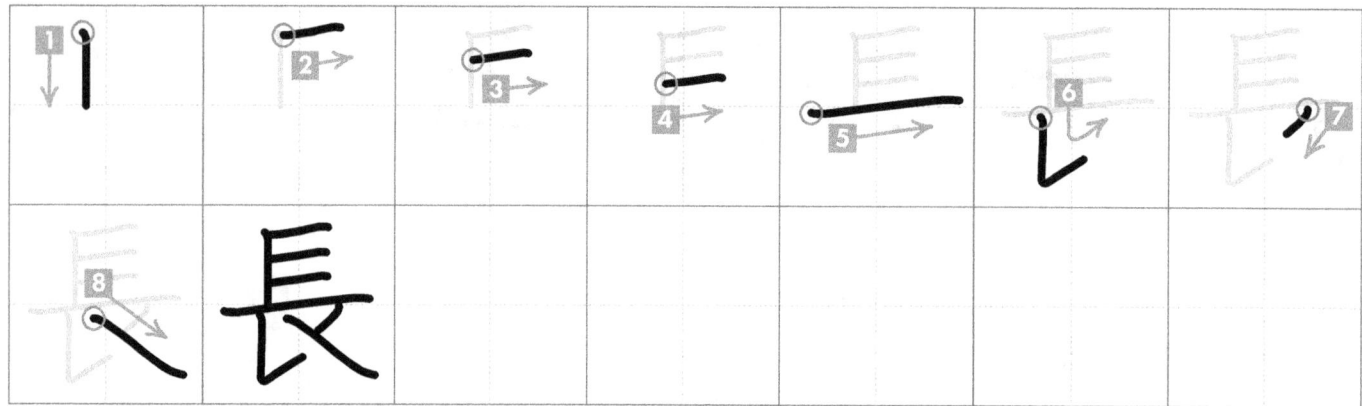

ÜBUNG　　　　　　　　　　　　　　　　　Zeichnet und übt dieses Kanji unten

STILE　　長　長　長　長　長　長　長　長

ONYOMI

シュツ、スイ

shutsu, sui

KUNYOMI

で(る)、 だ(す)、 い(でる)

de(ru), da(su), i(deru)

VOKABELN

出発 (しゅっぱつ)	**Abreise**		見出し (みだ)	**Überschrift**
出口 (でぐち)	**Ausgang**		演出 (えんしゅつ)	**Aufführung**
出版 (しゅっぱん)	**Veröffentlichung**		出来事 (できごと)	**Vorfall**

STRICHFOLGE

Wie dieses Kanji gezeichnet wird

ÜBUNG

Zeichnet und übt dieses Kanji unten

STILE

KANJI #	RADIKAL	STRICHE	BEDEUTUNG	UNICODE
0003	一	3	**drei, 3**	**4E09**

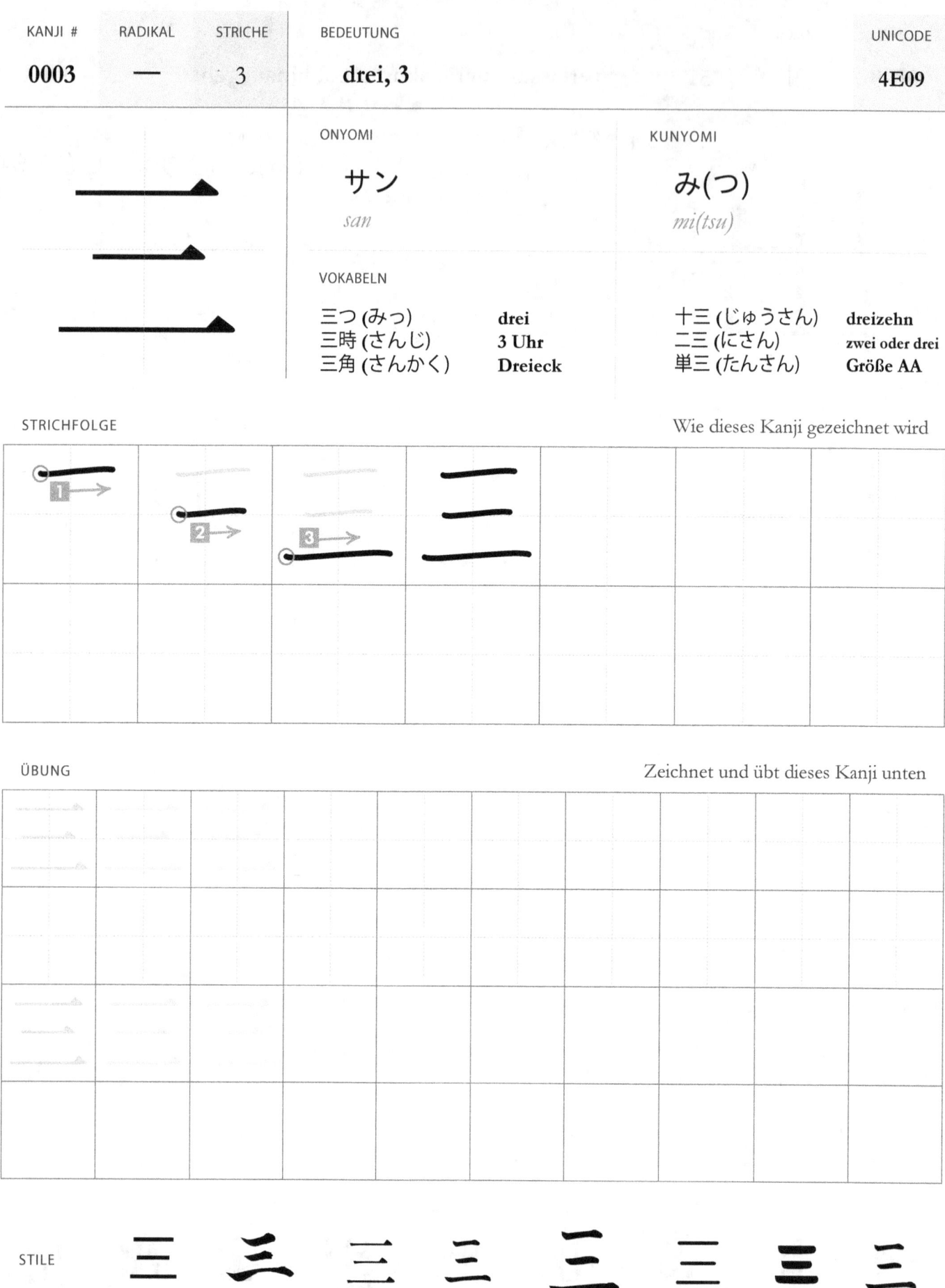

ONYOMI

サン

san

KUNYOMI

み(つ)

mi(tsu)

VOKABELN

三つ (みっ)	**drei**	十三 (じゅうさん)	**dreizehn**
三時 (さんじ)	**3 Uhr**	二三 (にさん)	**zwei oder drei**
三角 (さんかく)	**Dreieck**	単三 (たんさん)	**Größe AA**

STRICHFOLGE   Wie dieses Kanji gezeichnet wird

ÜBUNG   Zeichnet und übt dieses Kanji unten

STILE 三 三 三 三 三 三 三 三

KANJI #	RADIKAL	STRICHE	BEDEUTUNG	UNICODE
0171	日	10	**Zeit, Stunde**	6642

ONYOMI

ジ
ji

KUNYOMI

とき、 -どき
toki, doki

VOKABELN

時計 (とけい)	**Uhr**	日時 (にちじ)	Datum und Uhrzeit
時半 (じはん)	**etwa eine Stunde**	何時 (いつ)	**wann; wie bald**
時差 (じさ)	**Zeitunterschied**	同時 (どうじ)	**gleichzeitig**

STRICHFOLGE

Wie dieses Kanji gezeichnet wird

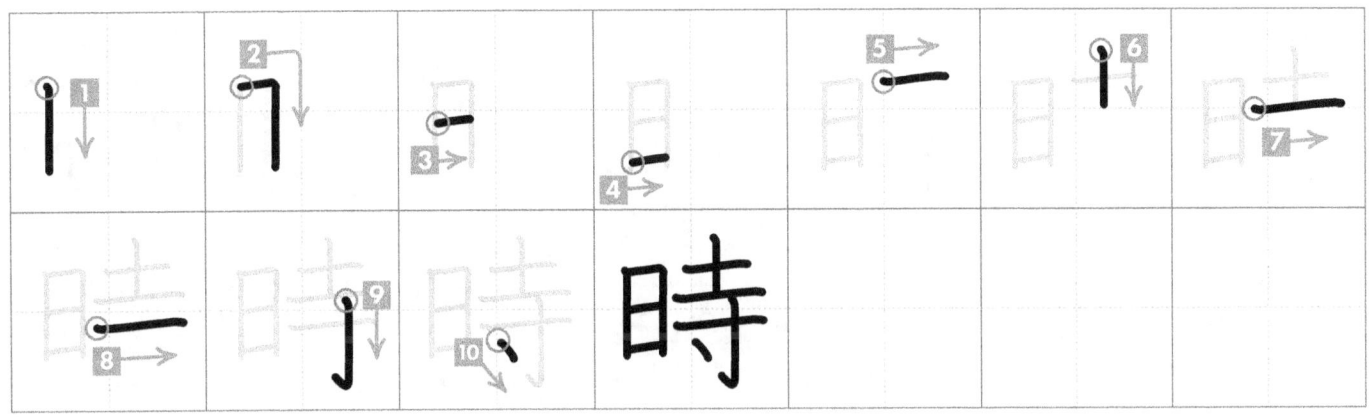

ÜBUNG

Zeichnet und übt dieses Kanji unten

STILE

時 時 時 時 時 時 時 時

KANJI #	RADIKAL	STRICHE	BEDEUTUNG	UNICODE
0938	行	6	**gehen, Reise, durchführen, Linie, Zeile**	884C

ONYOMI

コウ、ギョウ、アン

kou, gyou, an

KUNYOMI

い(く)、ゆ(く)、
おこな(う)

i(ku), yu(ku), okona(u)

VOKABELN

行き (ゆ)   nach, auf dem Weg zu
行事 (ぎょうじ)   Veranstaltung; Begebenheit
行政 (ぎょうせい)   **Verwaltung**

旅行 (りょこう)   **Reise; Trip**
銀行 (ぎんこう)   **bank**
流行 (りゅうこう)   **Mode**

STRICHFOLGE   Wie dieses Kanji gezeichnet wird

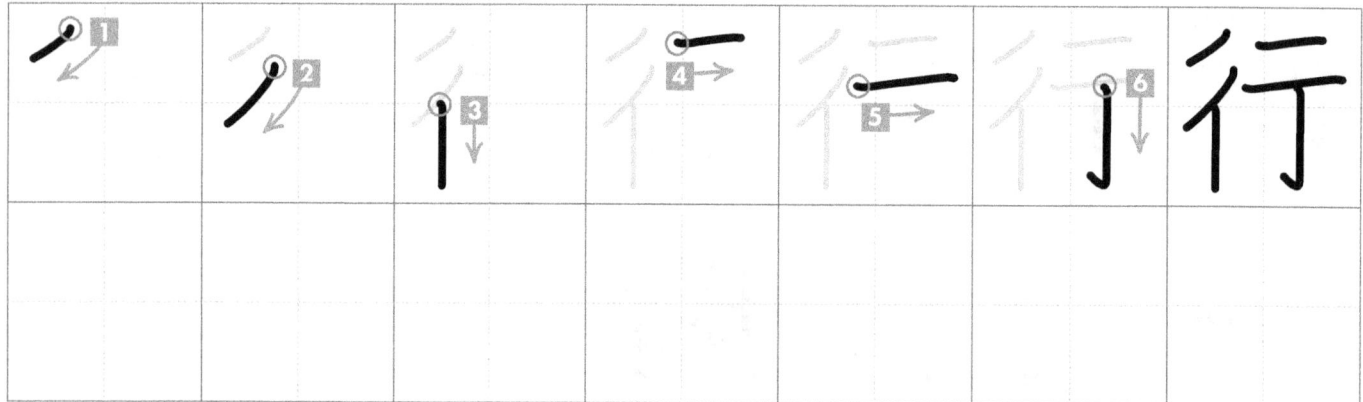

ÜBUNG   Zeichnet und übt dieses Kanji unten

STILE   行 行 行 行 行 行 行

KANJI #	RADIKAL	STRICHE	BEDEUTUNG	UNICODE
0061	見	7	(an)sehen, Hoffnungen, Aussichten, Idee, Meinung, (an)schauen	898B

見

ONYOMI

ケン

ken

KUNYOMI

み(る)、 み(せる)

mi(ru), mi(seru)

VOKABELN

見る (み)	(an)sehen; (an)schauen	発見 (はっけん)	**Entdeckung**
見出し (みだ)	Schlagzeile, Überschrift	一見 (いっけん)	Blick; flüchtiger Blick
見解 (けんかい)	**Meinung**	会見 (かいけん)	**interview**

STRICHFOLGE   Wie dieses Kanji gezeichnet wird

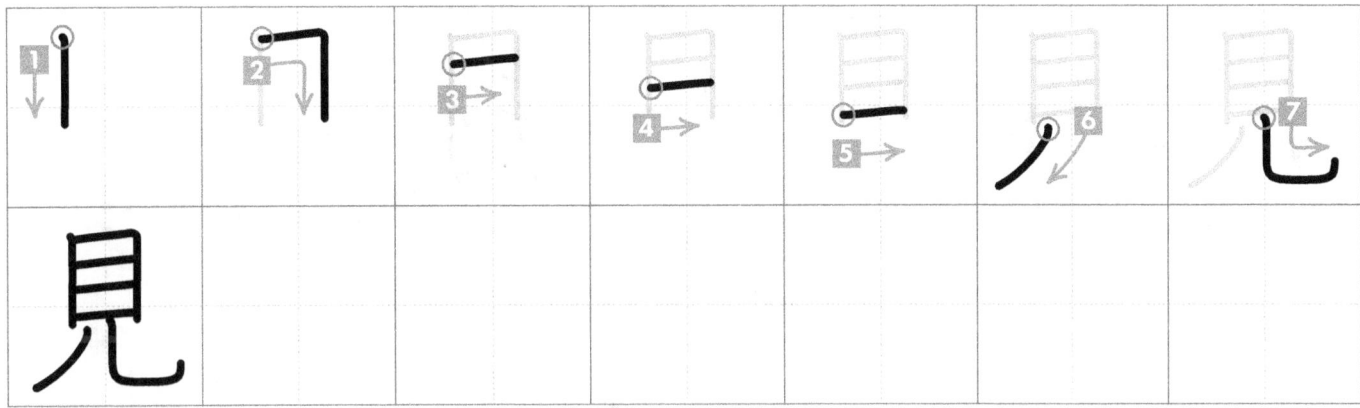

ÜBUNG   Zeichnet und übt dieses Kanji unten

STILE   見　見　見　見　見　見　見　見

KANJI #	RADIKAL	STRICHE	BEDEUTUNG	UNICODE
0013	日	4	**Monat, Mond**	6708

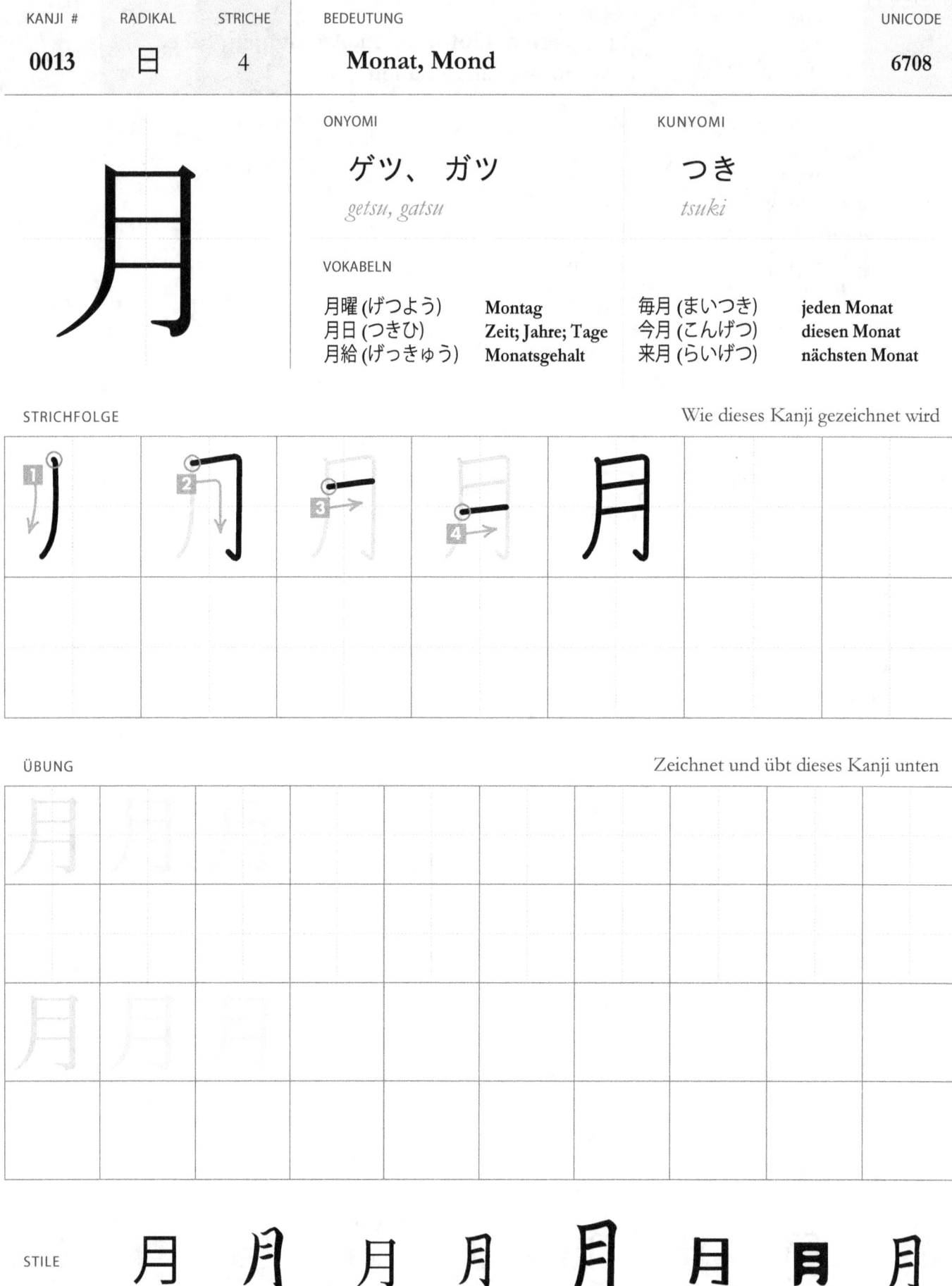

ONYOMI

ゲツ、ガツ

getsu, gatsu

KUNYOMI

つき

tsuki

VOKABELN

月曜 (げつよう)	Montag	毎月 (まいつき)	jeden Monat
月日 (つきひ)	Zeit; Jahre; Tage	今月 (こんげつ)	diesen Monat
月給 (げっきゅう)	Monatsgehalt	来月 (らいげつ)	nächsten Monat

STRICHFOLGE

Wie dieses Kanji gezeichnet wird

ÜBUNG

Zeichnet und übt dieses Kanji unten

STILE
月 月 月 月 月 月 月 月

KANJI #	RADIKAL	STRICHE	BEDEUTUNG	UNICODE
0844	刀	4	**Anteil, Minute (Zeiteinheit), verstehen**	5206

ONYOMI

ブン、フン、ブ

bun, fun, bu

KUNYOMI

わ(ける)

wa(keru)

VOKABELN

分かる (わ)	verstehen	半分 (はんぶん)	Hälfte
分野 (ぶんや)	Bereich; Gebiet	自分 (じぶん)	selbst
分析 (ぶんせき)	Analyse	気分 (きぶん)	Stimmung; Laune

STRICHFOLGE   Wie dieses Kanji gezeichnet wird

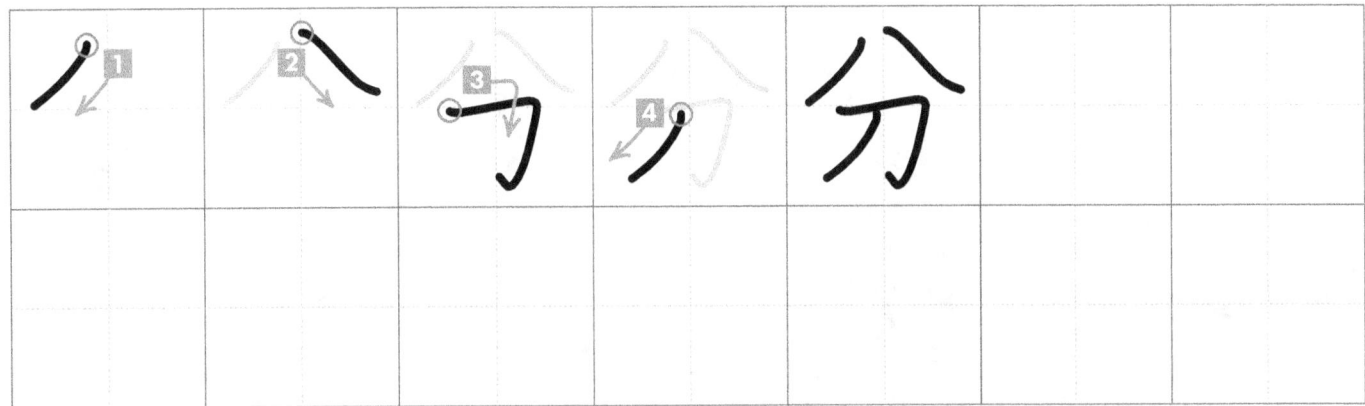

ÜBUNG   Zeichnet und übt dieses Kanji unten

STILE   分 分 分 分 分 分 分 分

43

後

ONYOMI

ゴ、コウ

go, kou

KUNYOMI

のち、うし(ろ)、あと

nochi, ushi(ro), ato

VOKABELN

後ろ (うし)	Rückseite; hinten	今後 (こんご)	von nun an
後半 (こうはん)	zweite Hälfte	午後 (ごご)	Nachmittag; p.m.
後で (あと)	danach	前後 (ぜんご)	vorne und hinten

STRICHFOLGE

Wie dieses Kanji gezeichnet wird

ÜBUNG

Zeichnet und übt dieses Kanji unten

STILE 後 後 後 後 後 後 後

前

ONYOMI

ゼン
zen

KUNYOMI

まえ
mae

VOKABELN

前半 (ぜんはん)	erste Hälfte	名前 (なまえ)	Name; vollständiger Name
前進 (ぜんしん)	Vormarsch	午前 (ごぜん)	Morgen; A.M.
前日 (ぜんじつ)	Vortag	出前 (でまえ)	Catering; Auslieferung

STRICHFOLGE

Wie dieses Kanji gezeichnet wird

ÜBUNG

Zeichnet und übt dieses Kanji unten

STILE 前 前 前 前 前 前 前 前

KANJI #	RADIKAL	STRICHE	BEDEUTUNG	UNICODE
1675	生	5	Leben, natürlich, Geburt	751F

ONYOMI

セイ、ショウ

sei, shou

KUNYOMI い(きる), う(む)、
お(う)、は(える)、なま

i(kiru), u(mu), o(u), ha(eru), nama

VOKABELN

生徒 (せいと)	Schüler*in	学生 (がくせい)	Student*in
生きる (い)	leben; existieren	先生 (せんせい))	Lehrer*in; Meister
生命 (せいめい)	Leben; Existenz	一生 (いっしょう)	ganzes Leben

STRICHFOLGE   Wie dieses Kanji gezeichnet wird

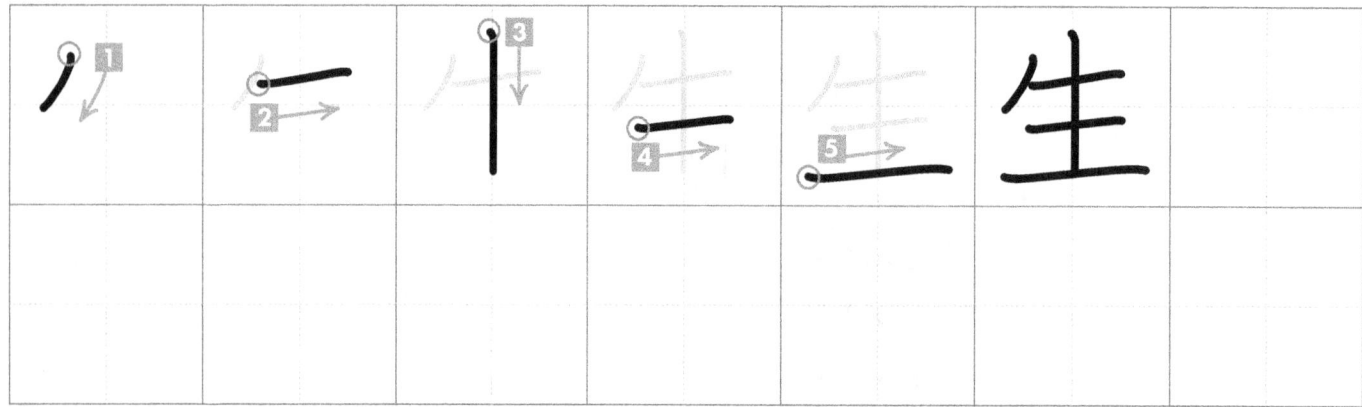

ÜBUNG   Zeichnet und übt dieses Kanji unten

STILE   生　生　生　生　生　生　生　生

五

ONYOMI

ゴ

go

KUNYOMI

いつ(つ)

itsu(tsu)

VOKABELN

五日 (いつか)   fünf Tage
五時 (ごじ)   fünf Uhr
五百 (ごひゃく)   500

十五 (じゅうご)   fünfzehn
単五 (たんご)   Größe N (Batterie)
第五 (だいご)   der Fünfte

STRICHFOLGE

Wie dieses Kanji gezeichnet wird

ÜBUNG

Zeichnet und übt dieses Kanji unten

STILE   五 五 五 五 五 五 五 五

KANJI #	RADIKAL	STRICHE	BEDEUTUNG	UNICODE
1747	門	12	**Abstand, Zwischenraum**	9593

間

ONYOMI

カン、ケン

kan, ken

KUNYOMI

あいだ、ま、あい

aida, ma, ai

VOKABELN

間接 (かんせつ)	indirekt	人間 (にんげん)	menschliches Wesen
間隔 (かんかく)	Zwischenraum, Abstand	期間 (きかん)	Zeitspanne, Frist
間近 (まぢか)	Nähe, Bevorstehen	世間 (せけん)	Welt; Gesellschaft

STRICHFOLGE

Wie dieses Kanji gezeichnet wird

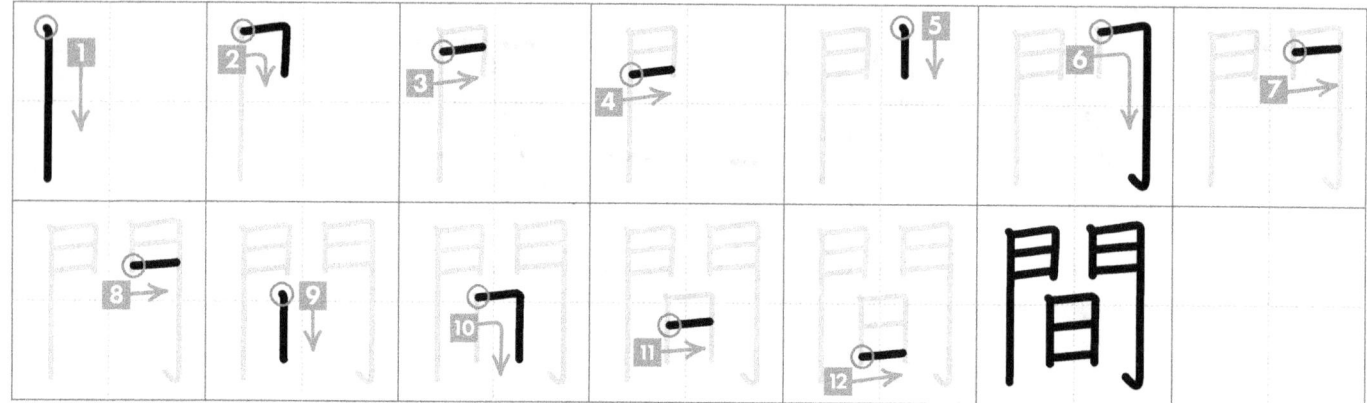

ÜBUNG

Zeichnet und übt dieses Kanji unten

STILE   間 間 間 間 間 間 間 間

48

ONYOMI ジョウ、ショウ、シャン

jou, shou, shan

KUNYOMI うえ、うわ-
うえ、うわ-、かみ、あ(げる)、
のぼ(る)、たてまつ(る)

ue, uwa, kami, a(geru), nobo(ru), tatematsu(ru)

VOKABELN

上下 (じょうげ)	oben und unten	以上 (いじょう)	nicht weniger als
上り (のぼ)	Anstieg; Aufstieg	屋上 (おくじょう)	Flachdach
上る (のぼ)	aufsteigen; hinaufgehen	年上 (としうえ)	ältere(r, -s)

STRICHFOLGE   Wie dieses Kanji gezeichnet wird

ÜBUNG   Zeichnet und übt dieses Kanji unten

STILE 上 上 上 上 上 上 上 上

KANJI #	RADIKAL	STRICHE	BEDEUTUNG	UNICODE
0543	木	8	ältere(r, -s)	6771

ONYOMI

トウ
tou

KUNYOMI

ひがし
higashi

VOKABELN

東西 (とうざい)	Ost und West	北東 (ほくとう)	Nordosten
東洋 (とうよう)	Orient	南東 (なんとう)	Südosten
東北 (とうほく)	Nordosten; Tohoku	東京 (とうきょう)	Tokyo

STRICHFOLGE   Wie dieses Kanji gezeichnet wird

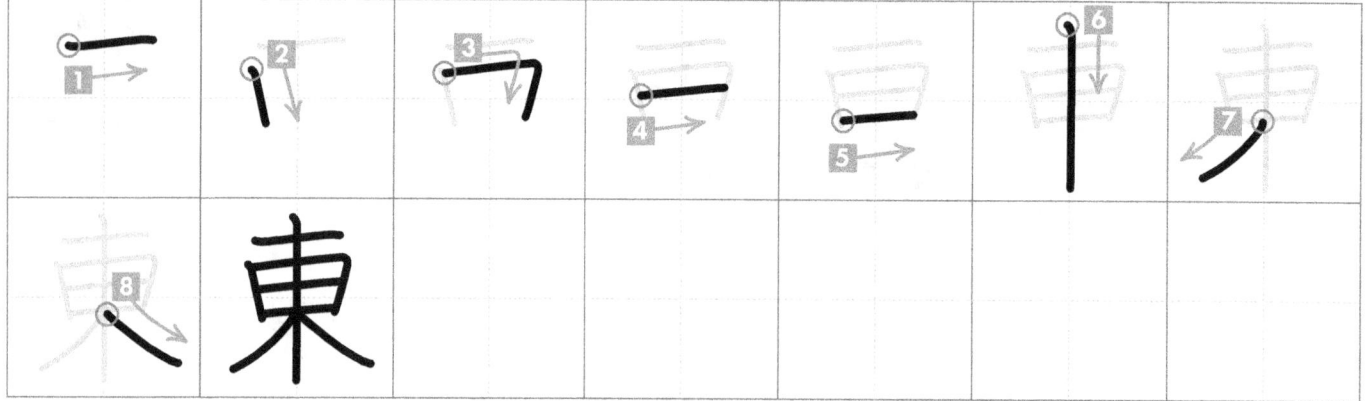

ÜBUNG   Zeichnet und übt dieses Kanji unten

STILE   東 東 東 東 東 東 東 東

ONYOMI

シ
shi

KUNYOMI

よ(つ)、よん
yo(tsu), yon

VOKABELN

四季 (しき)	vier Jahreszeiten	十四 (じゅうよん)	vierzehn
四月 (しがつ)	April	真四角 (ましかく)	Quadrat
四十 (よんじゅう)	vierzig	長四角 (ながしかく)	Rechteck

STRICHFOLGE   Wie dieses Kanji gezeichnet wird

ÜBUNG   Zeichnet und übt dieses Kanji unten

STILE   四   四   四   四   四   四   四   四

今

ONYOMI

コン、キン
kon, kin

KUNYOMI

いま
ima

VOKABELN

今日 (きょう)	heute; dieser Tag	今度 (こんど)	dieses Mal
今年 (ことし)	dieses Jahr	今朝 (けさ)	heute Morgen
今月 (こんげつ)	diesen Monat	今週 (こんしゅう)	diese Woche

STRICHFOLGE

Wie dieses Kanji gezeichnet wird

ÜBUNG

Zeichnet und übt dieses Kanji unten

STILE 今 今 今 今 今 今 今 今

52

ONYOMI

キン、 コン、 ゴン

kin, kon, gon

KUNYOMI

かね、 かな-、 -がね

kane, kana, gane

VOKABELN

金属 (きんぞく)	**Metall**
金曜 (きんよう)	**Freitag**
金銭 (きんせん)	**Geld; Bargeld**

料金 (りょうきん)	**Gebühr**
借金 (しゃっきん)	**Schulden; Darlehen**
資金 (しきん)	**Geldmittel; Kapital**

STRICHFOLGE

Wie dieses Kanji gezeichnet wird

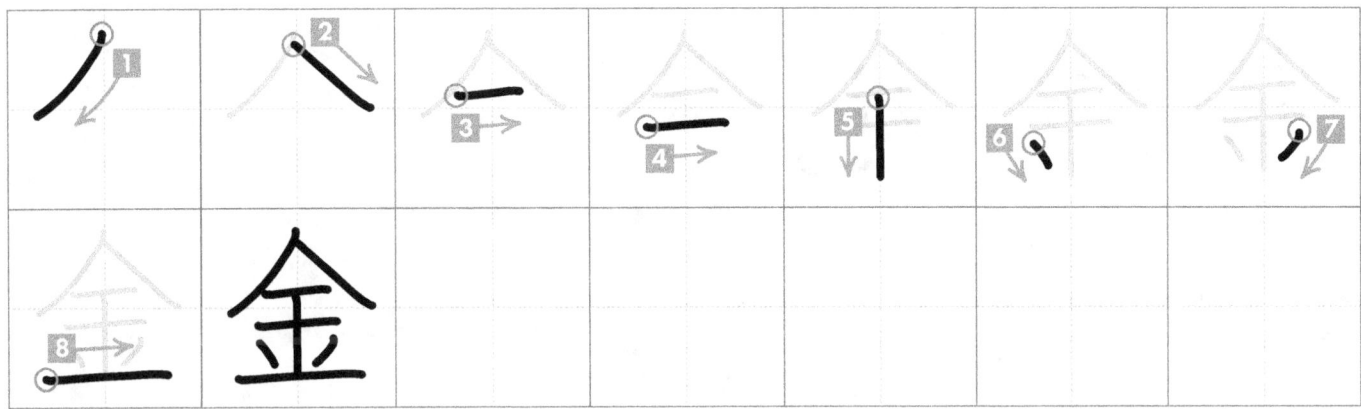

ÜBUNG

Zeichnet und übt dieses Kanji unten

STILE 　金　金　金　金　金　金　金　金

KANJI #	RADIKAL	STRICHE	BEDEUTUNG	UNICODE
0009	乁	2	**neun, 9**	**4E5D**

九

ONYOMI

キュウ、ク
kyuu, ku

KUNYOMI

ここの(つ)
kokono(tsu)

VOKABELN

九月 (くがつ)	September	二九 (にく)	neunundzwanzig
九時 (くじ)	neun Uhr	八九分 (はっくぶ)	fast; beinahe
九分 (くぶ)	neun Teile	十九 (じゅうきゅう)	neunzehn

STRICHFOLGE

Wie dieses Kanji gezeichnet wird

ÜBUNG

Zeichnet und übt dieses Kanji unten

STILE 九 九 九 九 九 九 九 九

KANJI #	RADIKAL	STRICHE	BEDEUTUNG	UNICODE
0842	入	2	**eintreten; eintragen**	**5165**

入

ONYOMI

ニュウ

nyuu

KUNYOMI

い(る)、はい(る)

i(ru), hai(ru)

VOKABELN

入る (はい) betreten; hineingehen
入場 (にゅうじょう) **Eintritt; Zutritt**
入力 (にゅうりょく) Input; Eingabe (von Daten)

収入 (しゅうにゅう) Einkommen; Einnahmen
購入 (こうにゅう) erwerben; kaufen
加入 (かにゅう) ein Mitglied werden

STRICHFOLGE

Wie dieses Kanji gezeichnet wird

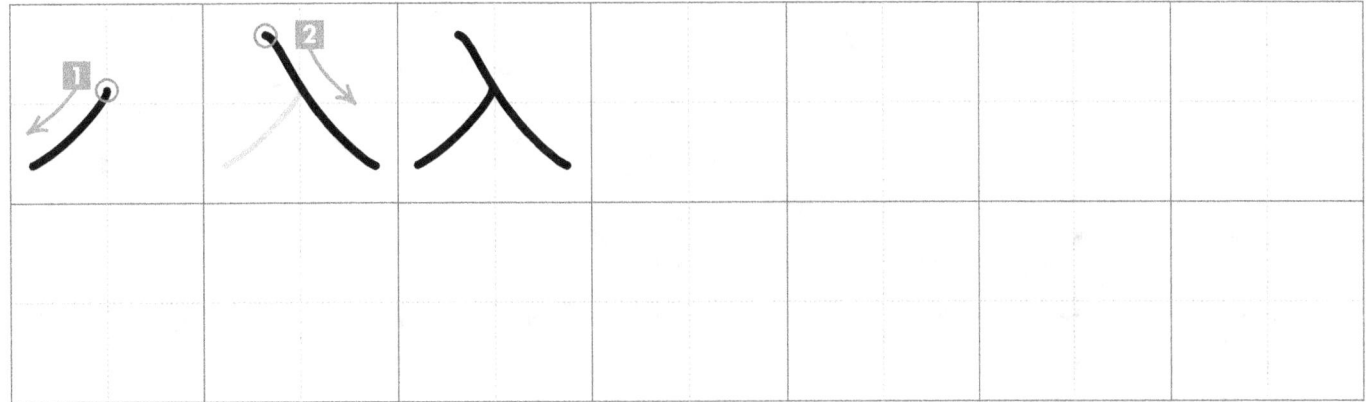

ÜBUNG

Zeichnet und übt dieses Kanji unten

STILE

KANJI #	RADIKAL	STRICHE	BEDEUTUNG	UNICODE
0346	子	8	**Studium, Lernen, Wissenschaft**	**5B66**

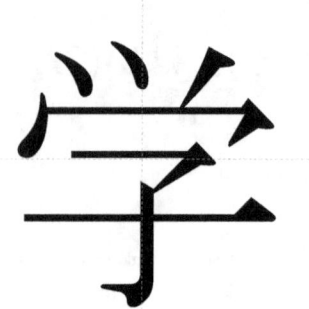

ONYOMI
ガク
gaku

KUNYOMI
まな(ぶ)
mana(bu)

VOKABELN

学校 (がっこう)	Schule		中学 (ちゅうがく)	Mittelschule
学生 (がくせい)	Student*in		科学 (かがく)	Wissenschaft
学習 (がくしゅう)	Studieren; Lernen		文学 (ぶんがく)	Literatur

STRICHFOLGE
Wie dieses Kanji gezeichnet wird

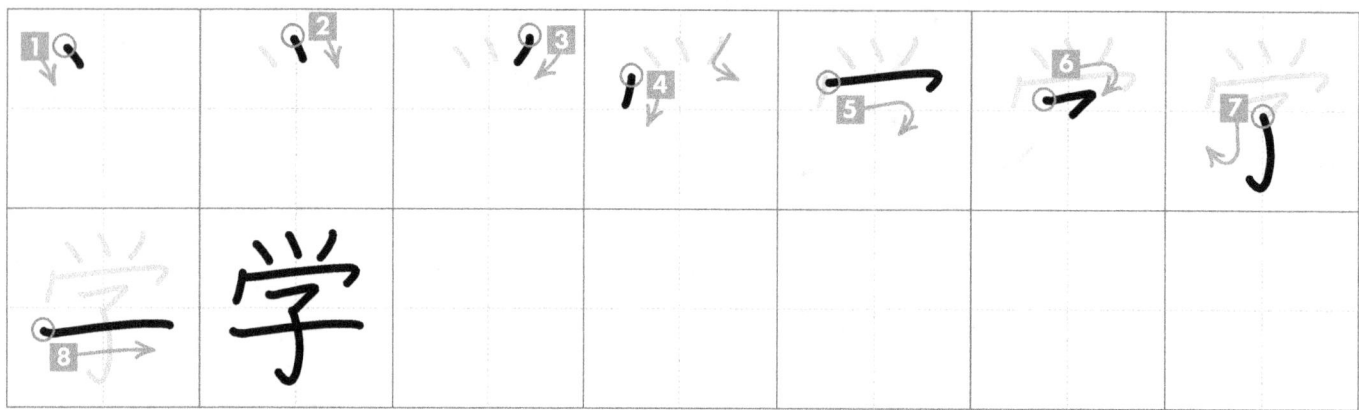

ÜBUNG
Zeichnet und übt dieses Kanji unten

STILE 学 学 学 学 学 学 学 学

ONYOMI

コウ
kou

KUNYOMI

たか(い)
taka(i)

VOKABELN

高い (たか)　　　　hoch; groß
高度 (こうど)　　　Höhe über dem Meer, Höhe
高速 (こうそく)　　hohe Geschwindigkeit

最高 (さいこう)　　höchstes; bestes
標高 (ひょうこう)　Meereshöhe
小高い (こだか)　　leicht erhöht

STRICHFOLGE

Wie dieses Kanji gezeichnet wird

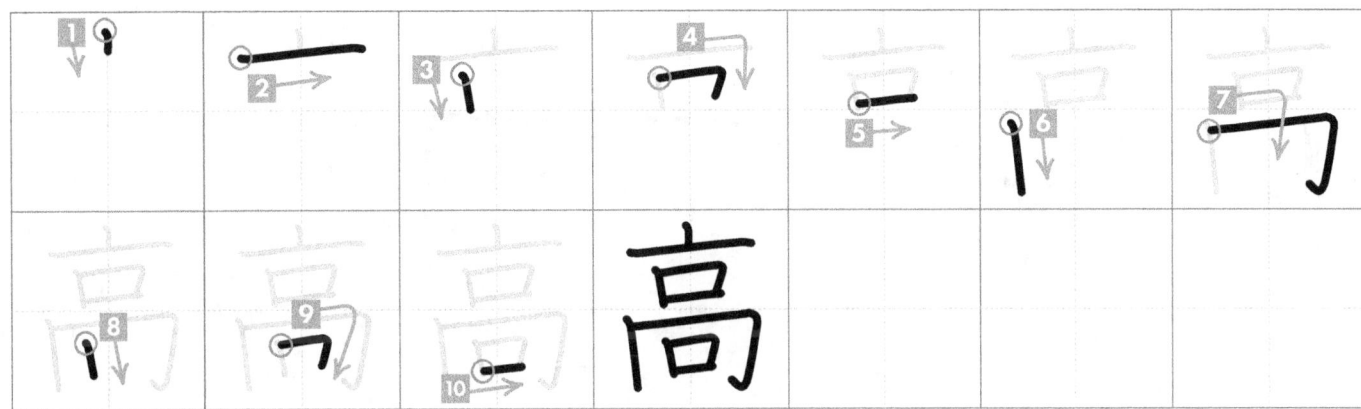

ÜBUNG

Zeichnet und übt dieses Kanji unten

STILE 　高　高　高　高　高　高　高　高

KANJI #	RADIKAL	STRICHE	BEDEUTUNG	UNICODE
1952	冂	4	**Kreis, Yen (japanische Währungseinheit), rund**	5186

ONYOMI

エン

en

KUNYOMI

まる(い)

maru(i)

VOKABELN

円い (まる)	rund; kreisförmig	楕円 (だえん)	ellipse
円滑 (えんかつ)	glatt; ungestört	半円 (はんえん)	Halbkreis
円盤 (えんばん)	Scheibe; Diskus; Servierplatte	大円 (だいえん)	großer Kreis

STRICHFOLGE   Wie dieses Kanji gezeichnet wird

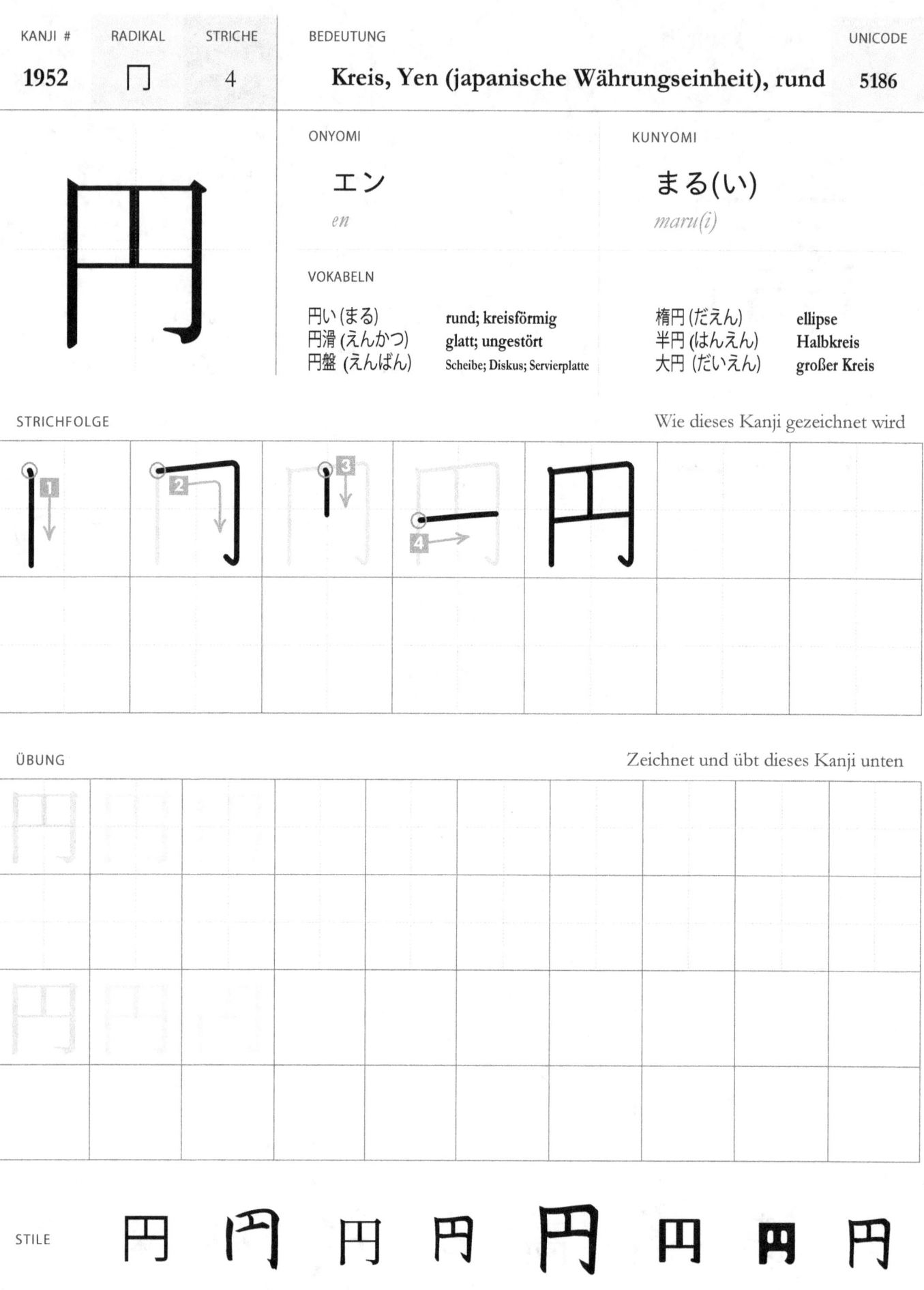

ÜBUNG   Zeichnet und übt dieses Kanji unten

STILE   円 円 円 円 円 円 円 円

KANJI #	RADIKAL	STRICHE	BEDEUTUNG	UNICODE
0099	子	3	**Kind**	**5B50**

子

ONYOMI

シ、ス、ツ
shi, su, tsu

KUNYOMI

こ、-こ(ね)
ko, ne

VOKABELN

子孫 (しそん)	Nachkommen
子女 (しじょ)	Söhne und Töchter
子分 (こぶん)	Anhänger; Gefolgsmann

男子 (だんし)	Junge; junger Mann
電子 (でんし)	Elektron
女子 (じょし)	Frau; Mädchen

STRICHFOLGE

Wie dieses Kanji gezeichnet wird

ÜBUNG

Zeichnet und übt dieses Kanji unten

STILE 子 子 子 子 子 子 子 子

59

KANJI #	RADIKAL	STRICHE	BEDEUTUNG		UNICODE
0116	夕	5	**draußen**		**5916**

ONYOMI

ガイ、ゲ
gai, ge

KUNYOMI

そと、ほか、
はず(す)、と-
soto, hoka, hazu-, to-

VOKABELN

外国 (がいこく)	Ausland	海外 (かいがい)	Ausland; Übersee
外部 (がいぶ)	die Außenwelt	意外 (いがい)	unerwartet
外科 (げか)	Operation	郊外 (こうがい)	Vorort; Stadtrand

STRICHFOLGE   Wie dieses Kanji gezeichnet wird

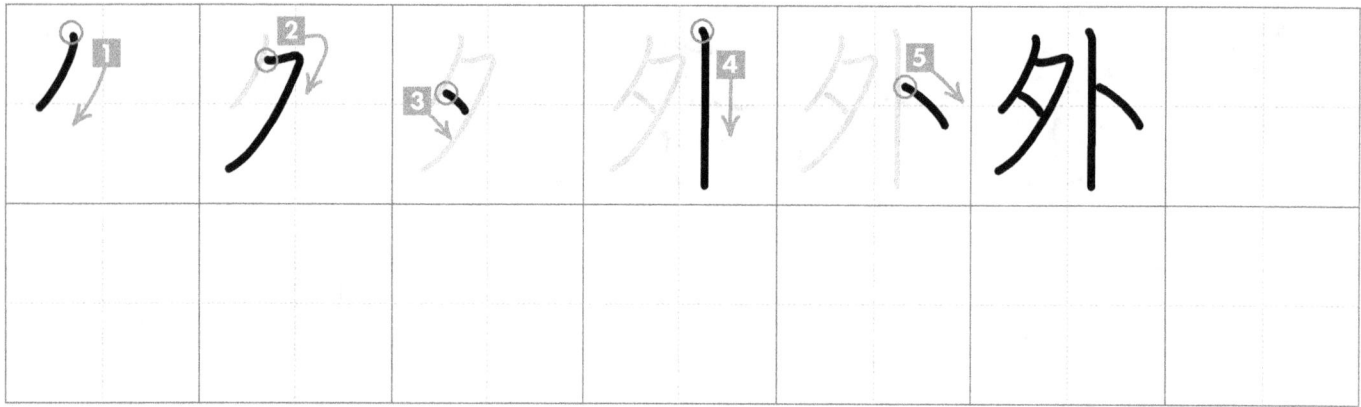

ÜBUNG   Zeichnet und übt dieses Kanji unten

STILE　　外　外　外　外　外　外　外　外

KANJI #	RADIKAL	STRICHE	BEDEUTUNG	UNICODE
0008	八	2	acht, 8	516B

八

ONYOMI

ハチ

hachi

KUNYOMI

や(つ)、 よう

ya(tsu), you

VOKABELN

八十 (はちじゅう)	achtzig	十八 (じゅうはち)	achtzehn
八月 (はちがつ)	August	二八 (にはち)	sechzehn
八時 (はちじ)	acht Uhr	百八 (ひゃくはち)	108

STRICHFOLGE

Wie dieses Kanji gezeichnet wird

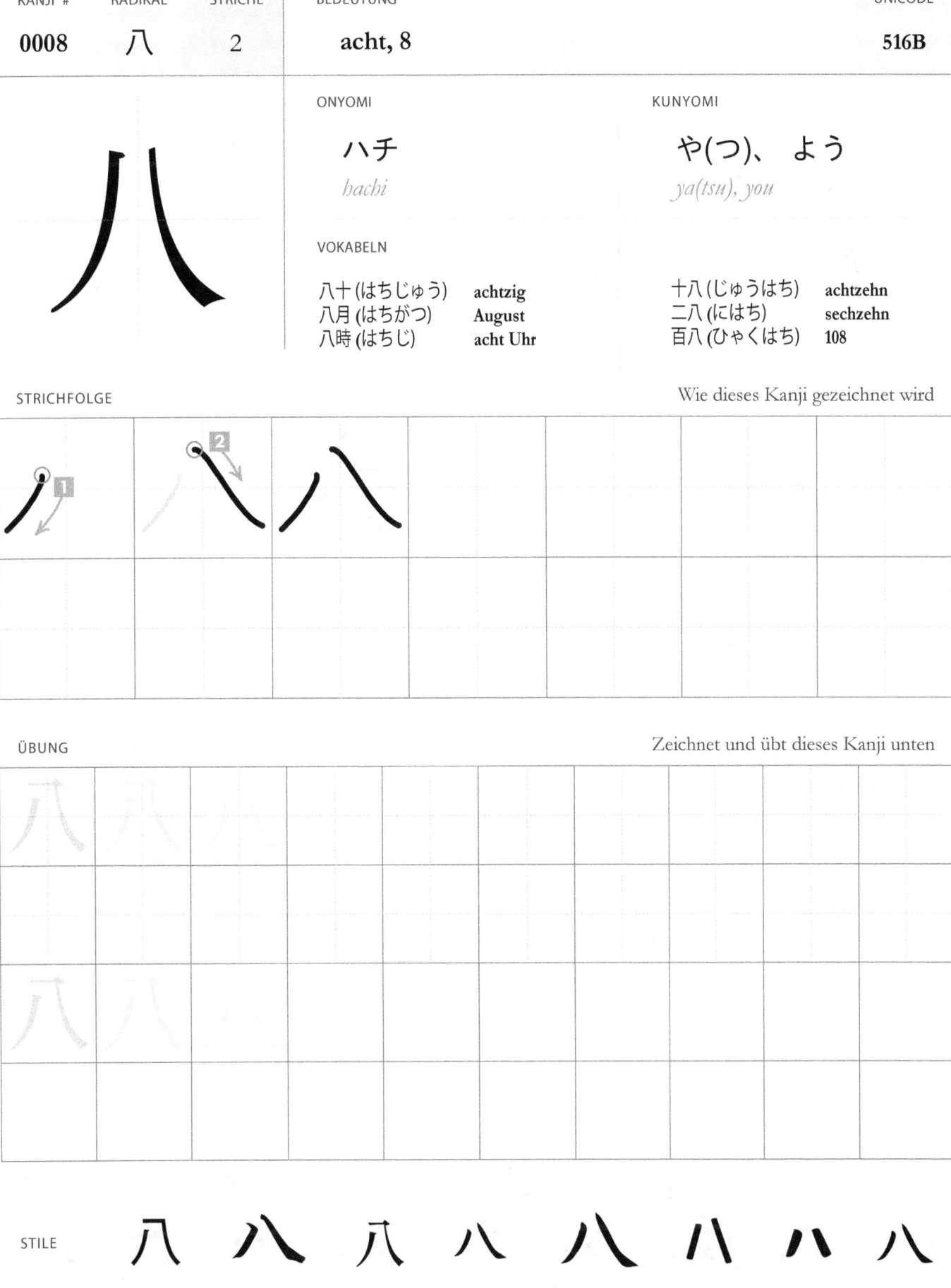

ÜBUNG

Zeichnet und übt dieses Kanji unten

STILE 八 八 八 八 八 八 八 八

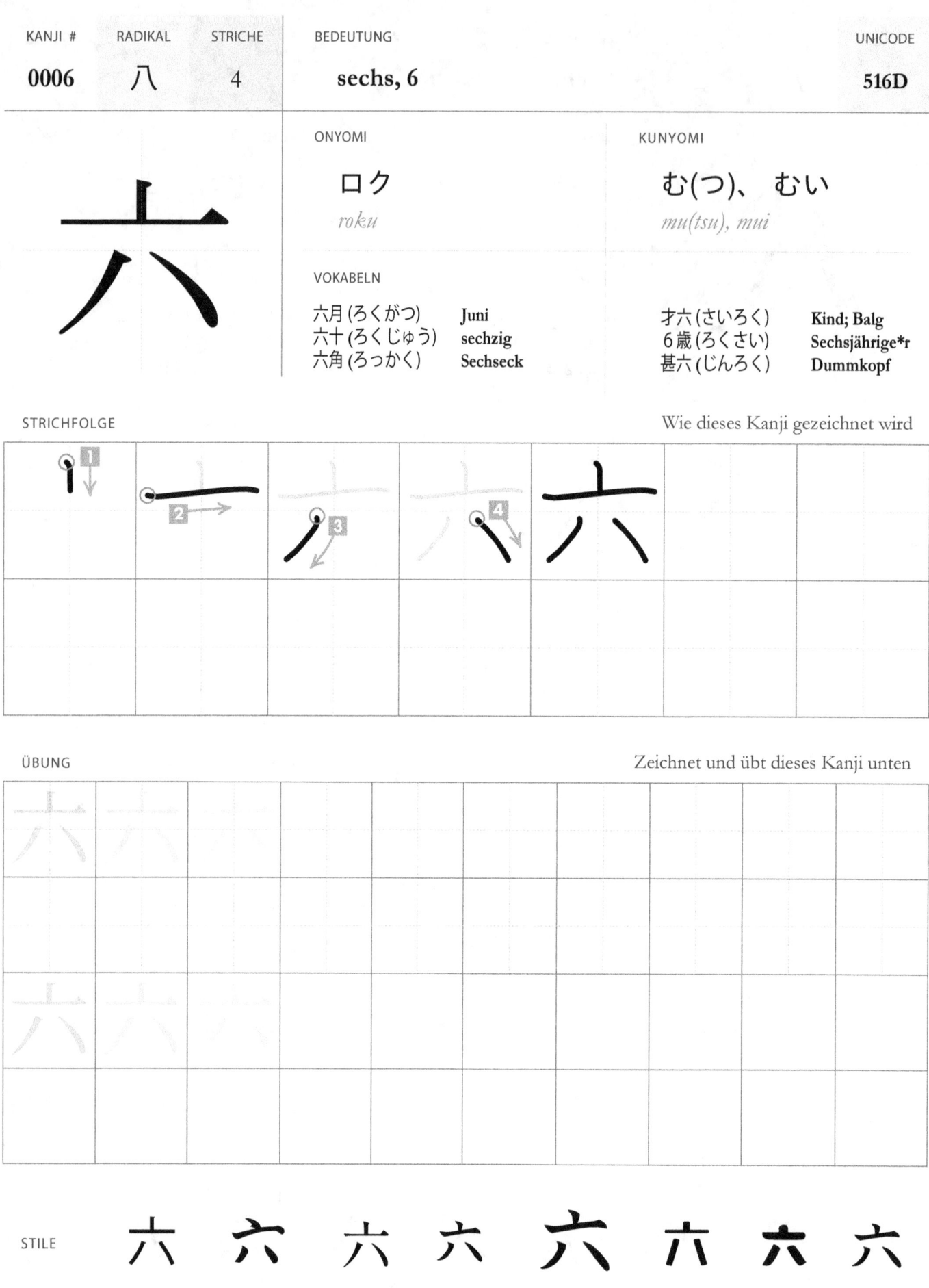

ONYOMI

ロク

roku

KUNYOMI

む(つ)、むい

mu(tsu), mui

VOKABELN

六月 (ろくがつ)	Juni		才六 (さいろく)	Kind; Balg
六十 (ろくじゅう)	sechzig		6歳 (ろくさい)	Sechsjährige*r
六角 (ろっかく)	Sechseck		甚六 (じんろく)	Dummkopf

STRICHFOLGE   Wie dieses Kanji gezeichnet wird

ÜBUNG   Zeichnet und übt dieses Kanji unten

STILE   六　六　六　六　六　六　六　六

KANJI #	RADIKAL	STRICHE	BEDEUTUNG	UNICODE
0051	口	3	unterhalb, unten, hinuntergehen, geben, niedrig, minderwertig	4E0B

下

ONYOMI

カ、ゲ

ka, ge

KUNYOMI した、 しも、 もと、 さ(げる)、 くだ(る)、 お(ろす)

shita, shimo, moto, sa(geru), kuda(ru), o(rosu)

VOKABELN

下手 (へた)	ungeschickt	地下 (ちか)	Keller
下着 (したぎ)	Unterwäsche	靴下 (くつした)	Socken
下る (くだ)	hinuntergehen	低下 (ていか)	Sinken; Abnahme

STRICHFOLGE   Wie dieses Kanji gezeichnet wird

ÜBUNG   Zeichnet und übt dieses Kanji unten

STILE   下 下 下 下 下 下 下 下 下 下

KANJI #	RADIKAL	STRICHE	BEDEUTUNG	UNICODE
2029	木	7	kommen, fällig, nächster, Ursache, werden	6765

来

ONYOMI

ライ、タイ

rai, tai

KUNYOMI

く.る、 きた.る、
き、 こ

kuru, kitaru, ki, ko

VOKABELN

来年 (らいねん)	nächstes Jahr	本来 (ほんらい)	ursprünglich
来月 (らいげつ)	nächsten Monat	以来 (いらい)	seit
来週 (らいしゅう)	nächste Woche	外来 (がいらい)	fremd

STRICHFOLGE — Wie dieses Kanji gezeichnet wird

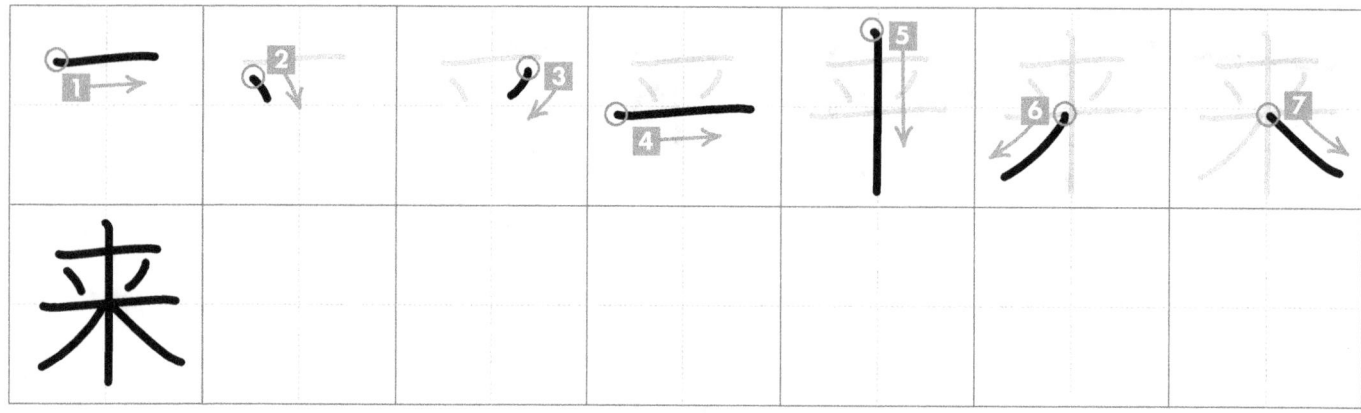

ÜBUNG — Zeichnet und übt dieses Kanji unten

STILE 来 来 来 来 来 来 来 来

64

KANJI #	RADIKAL	STRICHE	BEDEUTUNG	UNICODE
2030	气	6	**Geist, Luft, Atmosphäre, Laune**	6C17

ONYOMI

キ、ケ
ki, ke

KUNYOMI

いき
iki

VOKABELN

気分 (きぶん)	Stimmung; Laune	電気 (でんき)	Elektrizität
気象 (きしょう)	Wetter; Klima	病気 (びょうき)	Krankheit
気圧 (きあつ)	Atmosphärendruck	元気 (げんき)	munter

STRICHFOLGE   Wie dieses Kanji gezeichnet wird

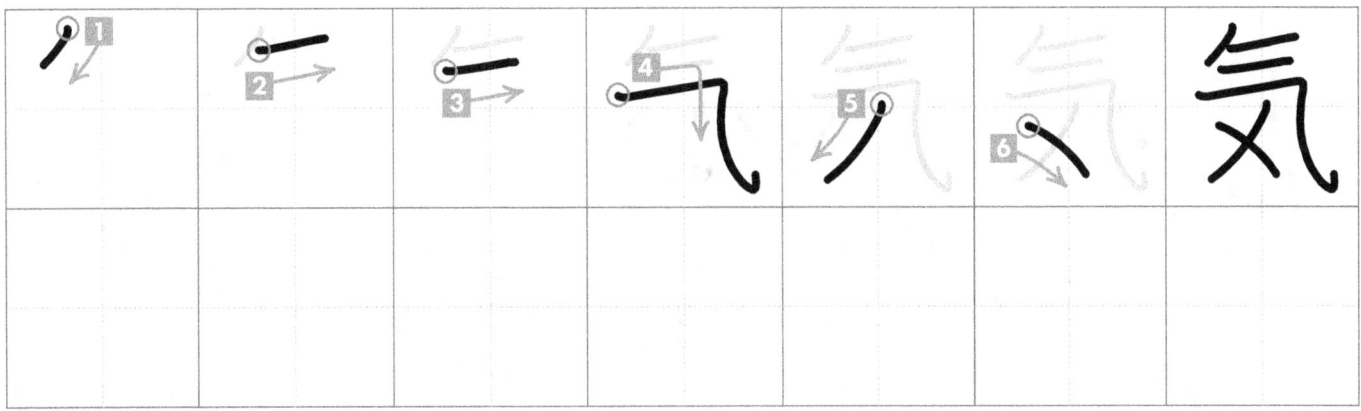

ÜBUNG   Zeichnet und übt dieses Kanji unten

STILE   気 気 気 気 気 気 気 気

KANJI #	RADIKAL	STRICHE	BEDEUTUNG	UNICODE
0110	小	3	wenig, klein	5C0F

小

ONYOMI

ショウ
shou

KUNYOMI

ちい(さい)、
こ-、お-、さ-
chii(sai), ko-, o-, sa-

VOKABELN

小供 (こども)　Kind; Kinder
小説 (しょうせつ)　Roman
小女 (しょうじょ)　kleines Mädchen

大小 (だいしょう)　groß und klein
縮小 (しゅくしょう)　Einschränkung
最小 (さいしょう)　kleinste(r, -s)

STRICHFOLGE

Wie dieses Kanji gezeichnet wird

ÜBUNG

Zeichnet und übt dieses Kanji unten

STILE　　小　小　小　小　小　小　小　小

66

七

ONYOMI

シチ

shichi

KUNYOMI

なな(つ)、なの

nana(tsu), nano

VOKABELN

七月 (しちがつ)	Juli		十七 (じゅうしち)	siebzehn
七十 (ななじゅう)	siebzig		五七 (ごしち)	fünf und sieben
七分 (しちぶん)	sieben Minuten		七星 (しちせい)	der Große Wagen

STRICHFOLGE

Wie dieses Kanji gezeichnet wird

一　七　七

ÜBUNG

Zeichnet und übt dieses Kanji unten

STILE　七　七　七　七　七　七　七　七

67

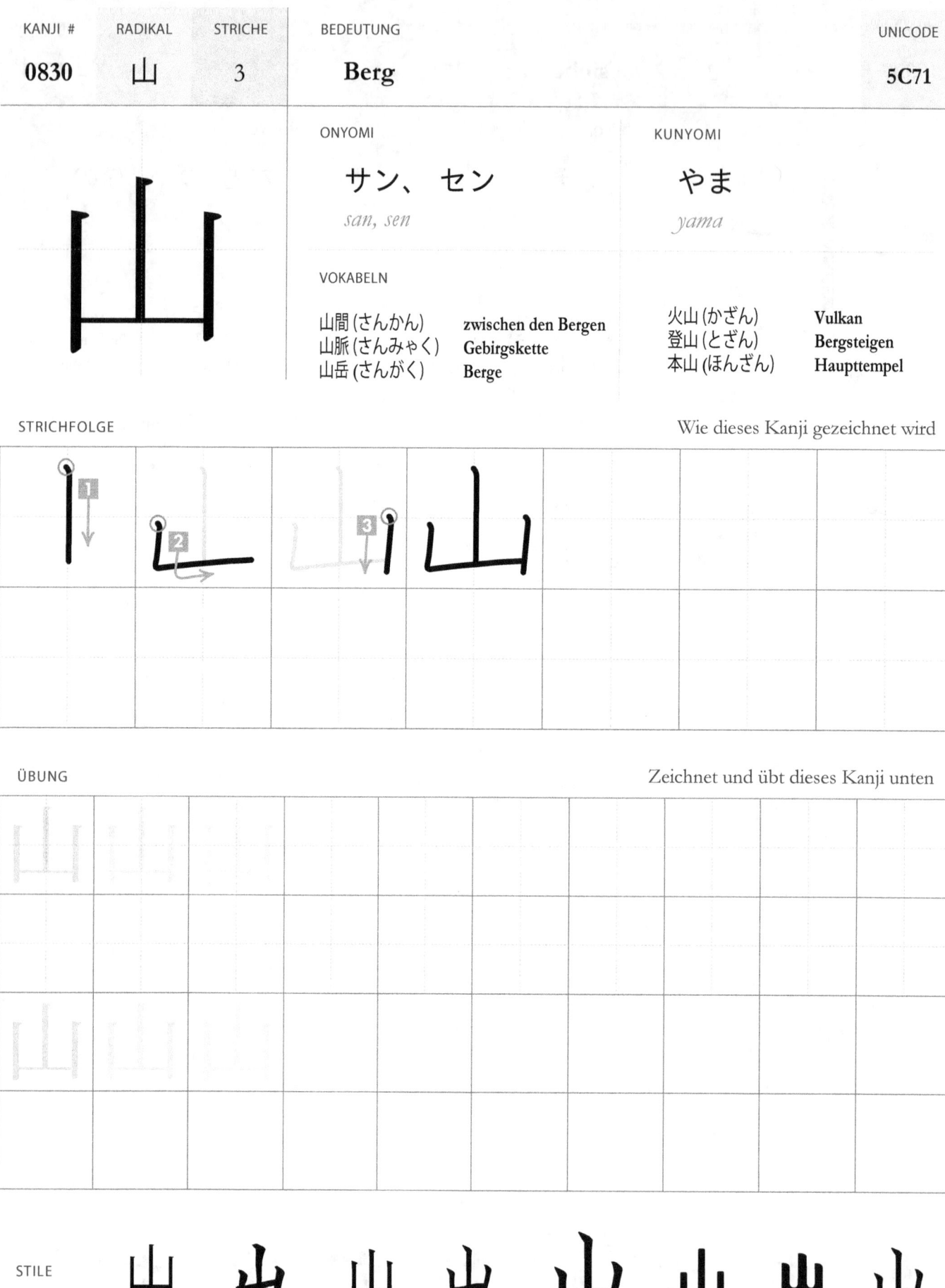

ONYOMI

サン、セン

san, sen

KUNYOMI

やま

yama

VOKABELN

山間 (さんかん)	zwischen den Bergen
山脈 (さんみゃく)	Gebirgskette
山岳 (さんがく)	Berge

火山 (かざん)	Vulkan
登山 (とざん)	Bergsteigen
本山 (ほんざん)	Haupttempel

STRICHFOLGE   Wie dieses Kanji gezeichnet wird

ÜBUNG   Zeichnet und übt dieses Kanji unten

STILE   山   山   山   山   山   山   山   山

68

KANJI #	RADIKAL	STRICHE	BEDEUTUNG	UNICODE
0368	言	13	Erzählung, sprechen	8A71

話

ONYOMI

ワ
wa

KUNYOMI

はな(す)、 はなし
hana(su), hanashi

VOKABELN

話題 (わだい) Gesprächsthema; Gesprächsgegenstand
話中 (はなしちゅう) besetzt (Telefon)
話々 (はなしばなし) Smalltalk

会話 (かいわ) Gespräch
世話 (せわ) sich kümmern (um)
神話 (しんわ) Mythos; Legende

STRICHFOLGE

Wie dieses Kanji gezeichnet wird

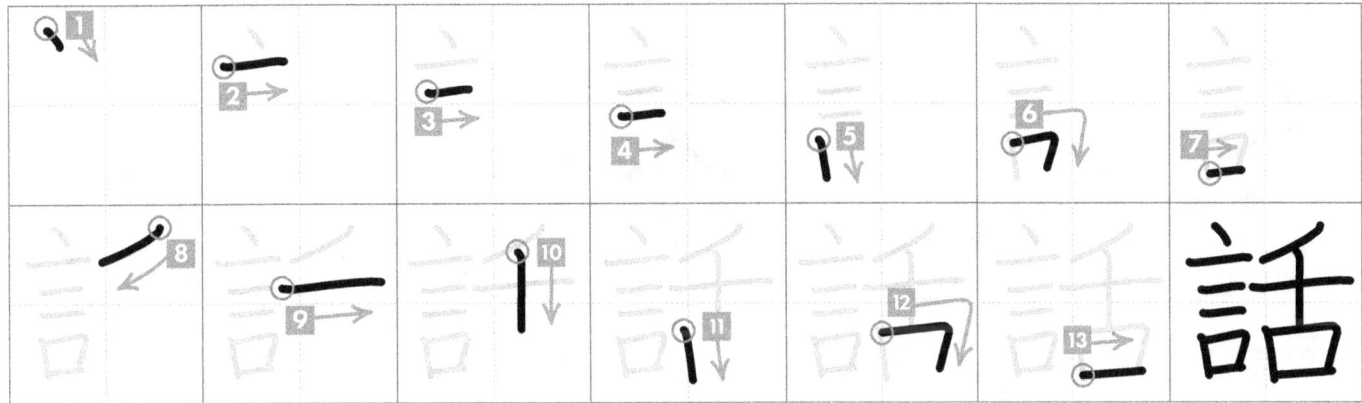

ÜBUNG

Zeichnet und übt dieses Kanji unten

STILE 話 話 話 話 話 話 話 話

KANJI #	RADIKAL	STRICHE	BEDEUTUNG	UNICODE
0102	女	3	**Frau, weiblich**	5973

ONYOMI

ジョ

jo

KUNYOMI

おんな、め

onnna, me

VOKABELN

女神 (めがみ)	Göttin	彼女 (かのじょ)	sie; ihr
女子 (じょし)	Frau; Mädchen	男女 (だんじょ)	Männer und Frauen
女優 (じょゆう)	Schauspielerin	王女 (おうじょ)	Prinzessin

STRICHFOLGE

Wie dieses Kanji gezeichnet wird

ÜBUNG

Zeichnet und übt dieses Kanji unten

STILE 女 女 女 女 女 女 女 女

KANJI #	RADIKAL	STRICHE	BEDEUTUNG	UNICODE
0480	ヒ	5	**Norden**	5317

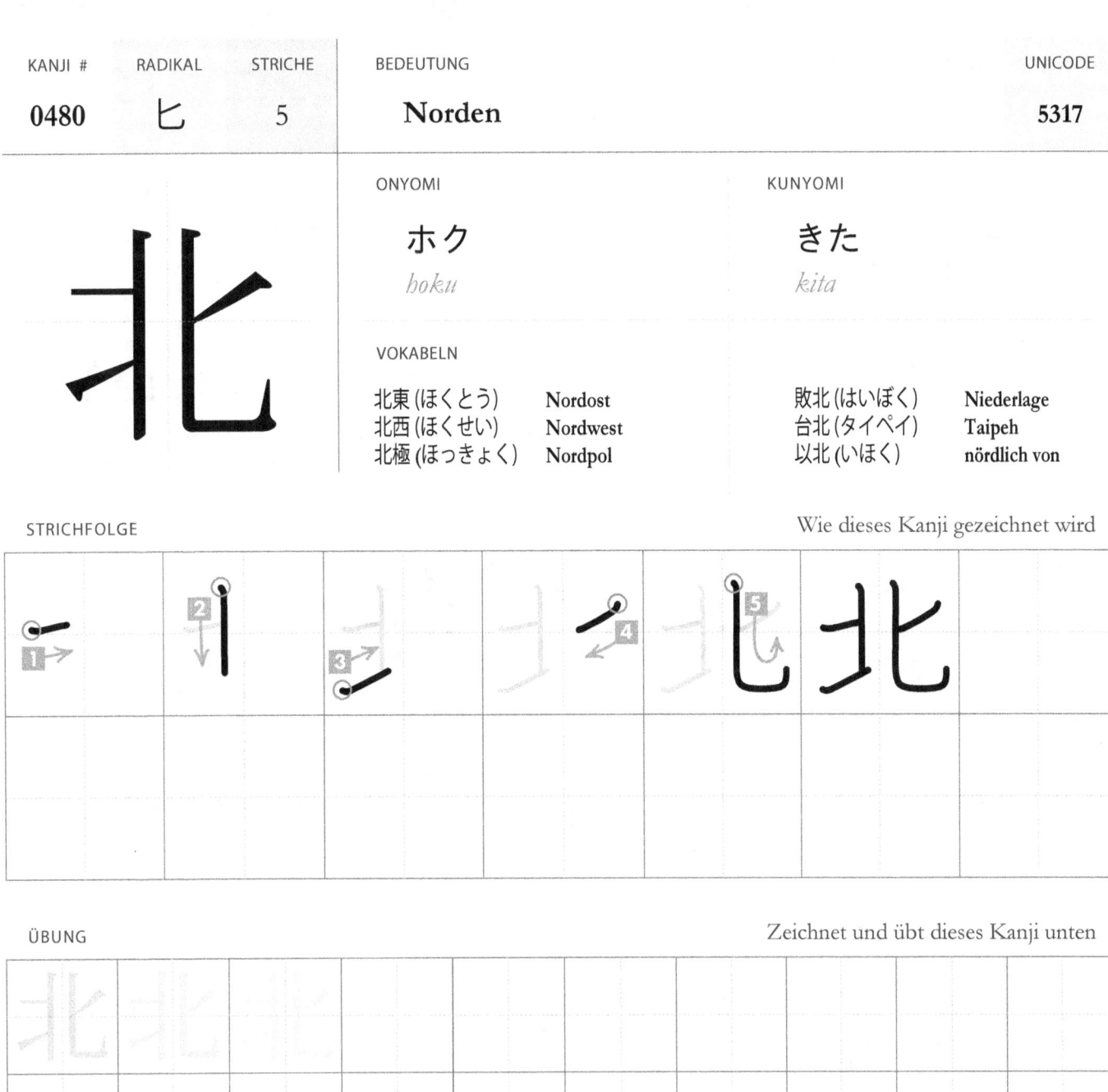

ONYOMI

ホク

hoku

KUNYOMI

きた

kita

VOKABELN

北東 (ほくとう)	Nordost	敗北 (はいぼく)	Niederlage
北西 (ほくせい)	Nordwest	台北 (タイペイ)	Taipeh
北極 (ほっきょく)	Nordpol	以北 (いほく)	nördlich von

STRICHFOLGE

Wie dieses Kanji gezeichnet wird

ÜBUNG

Zeichnet und übt dieses Kanji unten

STILE   北 北 北 北 北 北 北 北

KANJI #	RADIKAL	STRICHE	BEDEUTUNG	UNICODE
0610	十	4	**Mittag, Pferd (Sternzeichen)**	5348

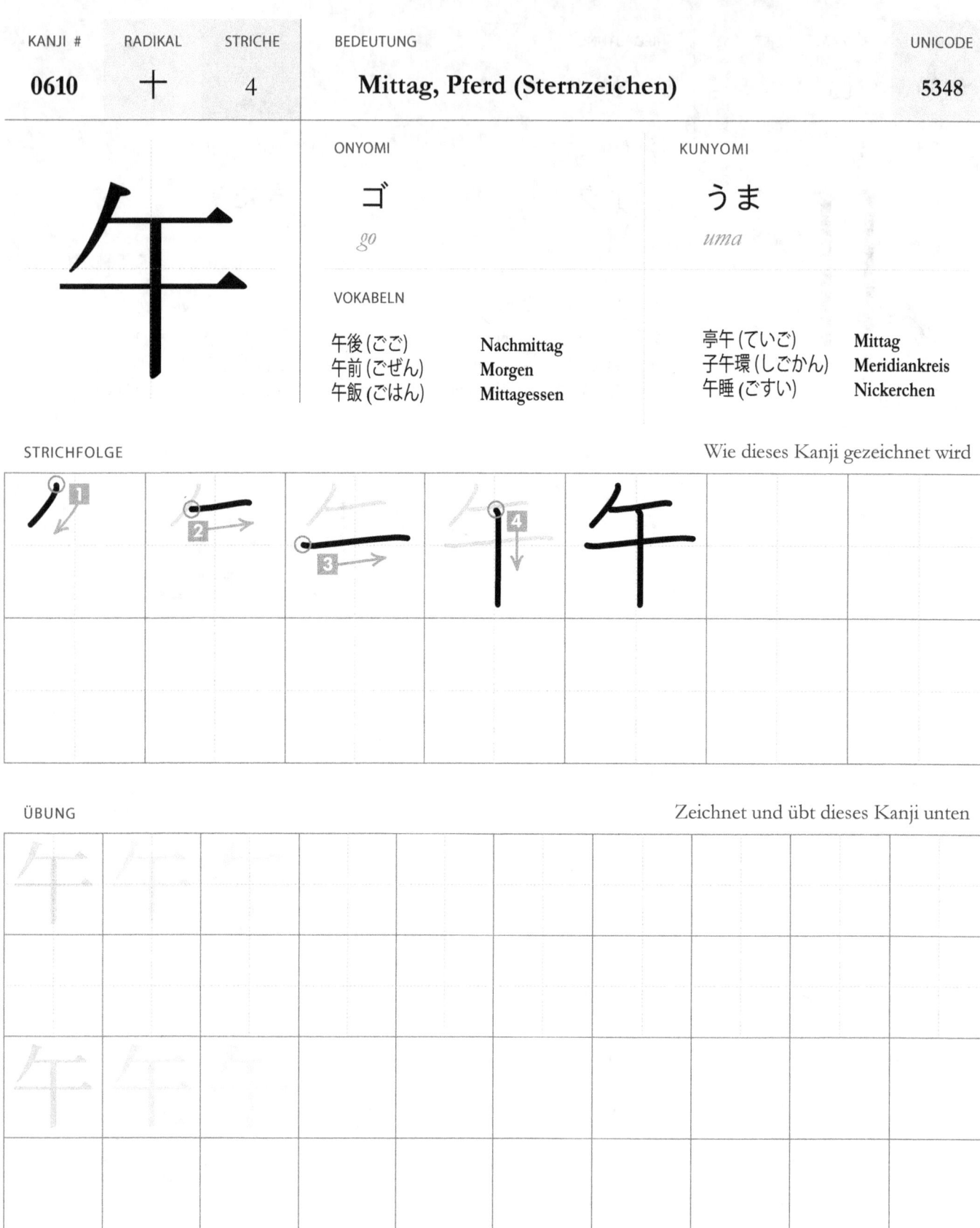

ONYOMI

ゴ
go

KUNYOMI

うま
uma

VOKABELN

午後 (ごご)	Nachmittag	亭午 (ていご)	Mittag
午前 (ごぜん)	Morgen	子午環 (しごかん)	Meridiankreis
午飯 (ごはん)	Mittagessen	午睡 (ごすい)	Nickerchen

STRICHFOLGE — Wie dieses Kanji gezeichnet wird

ÜBUNG — Zeichnet und übt dieses Kanji unten

STILE 午 午 午 午 午 午 午

百

ONYOMI

ヒャク、ビャク

hyaku, byaku

KUNYOMI

もも

momo

VOKABELN

百万 (ひゃくまん)　eine Million
百姓 (ひゃくしょう)　Bauer, allgemeines Volk
百年 (ひゃくねん)　Jahrhundert

何百 (なんびゃく)　hunderte
二百 (にひゃく)　zweihundert
四百 (よんひゃく)　vierhundert

STRICHFOLGE　　　　　　　　　　　　　Wie dieses Kanji gezeichnet wird

ÜBUNG　　　　　　　　　　　　　Zeichnet und übt dieses Kanji unten

STILE　百　百　百　百　百　百　百　百

KANJI #	RADIKAL	STRICHE	BEDEUTUNG		UNICODE
0349	曰	10	**schreiben**		**66F8**

ONYOMI

ショ
sho

KUNYOMI

か(く)
kaku

VOKABELN

書類 (しょるい)	Dokumente	読書 (どくしょ)	Lesen
書店 (しょてん)	Buchladen; Buchhandlung	辞書 (じしょ)	Wörterbuch
書物 (しょもつ)	Bücher	白書 (はくしょ)	Weißbuch

STRICHFOLGE

Wie dieses Kanji gezeichnet wird

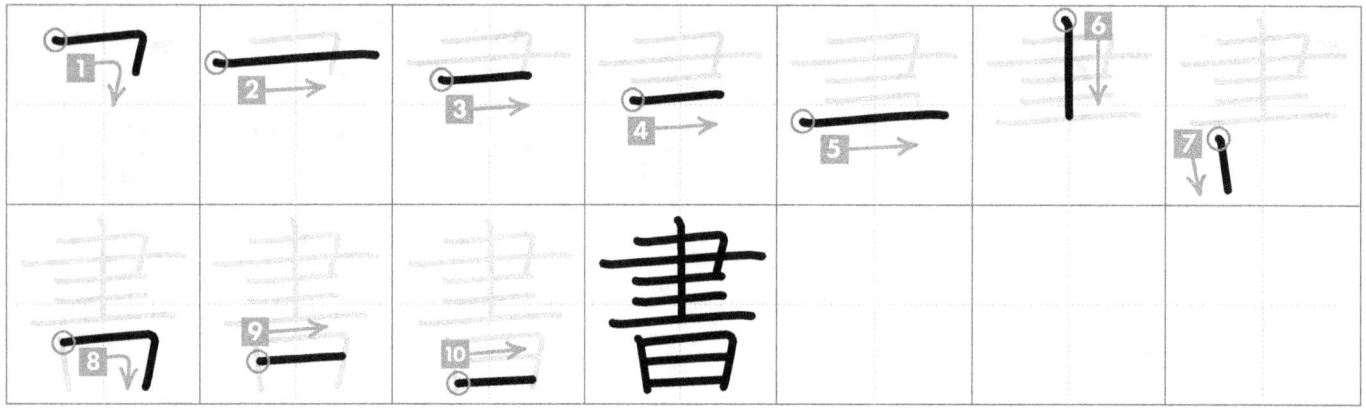

ÜBUNG

Zeichnet und übt dieses Kanji unten

STILE 書 書 書 書 書 書 書 書

74

KANJI #	RADIKAL	STRICHE	BEDEUTUNG	UNICODE
0263	儿	6	vorhin, voran, vorher, zukünftig, Vorrang	5148

先

ONYOMI

セン

sen

KUNYOMI

さき、ま(ず)

saki, ma(zu)

VOKABELN

先生 (せんせい) — Lehrer*in; Meister
先月 (せんげつ) — letzter Monat
先祖 (せんぞ) — Vorfahre

出先 (でさき) — Ort, an den jmd. gegangen ist.
目先 (めさき) — nahe Zukunft

STRICHFOLGE
Wie dieses Kanji gezeichnet wird

ÜBUNG
Zeichnet und übt dieses Kanji unten

STILE 先 先 先 先 先 先 先 先

名

ONYOMI

メイ、ミョウ

mei, myou

KUNYOMI

な

na

VOKABELN

名人 (めいじん)　**Meister; Experte**
名字 (みょうじ)　**Nachname**
名作 (めいさく)　**Meisterwerk**

有名 (ゆうめい)　**berühmt**
本名 (ほんみょう)　**richtiger Name**
題名 (だいめい)　**Titel**

STRICHFOLGE

Wie dieses Kanji gezeichnet wird

ÜBUNG

Zeichnet und übt dieses Kanji unten

STILE　　名　名　名　名　名　名　名　名

川

ONYOMI

セン

sen

KUNYOMI

かわ

kawa

VOKABELN

川口 (かわぐち)	**Flussmündung**	河川 (かせん)	**Flüsse**
川端 (かわばた)	**Flussufer**	谷川 (たにがわ)	**Gebirgsbach**
川下 (かわしも)	**Unterlauf**	大川 (おおかわ)	**großer Fluss; Strom**

STRICHFOLGE

Wie dieses Kanji gezeichnet wird

ÜBUNG

Zeichnet und übt dieses Kanji unten

STILE 川 川 川 川 川 川 川 川

KANJI #	RADIKAL	STRICHE	BEDEUTUNG	UNICODE
0040	十	3	**tausend**	5343

ONYOMI

セン

sen

KUNYOMI

ち

chi

VOKABELN

千代 (せんだい)　　tausend Jahre
千生(せんなり)　　große Sammlung
千万 (せんばん)　　außerordentlich viele

三千 (さんぜん)　　dreitausend
何千 (なんぜん)　　tausende
四千 (よんせん)　　viertausend

STRICHFOLGE   Wie dieses Kanji gezeichnet wird

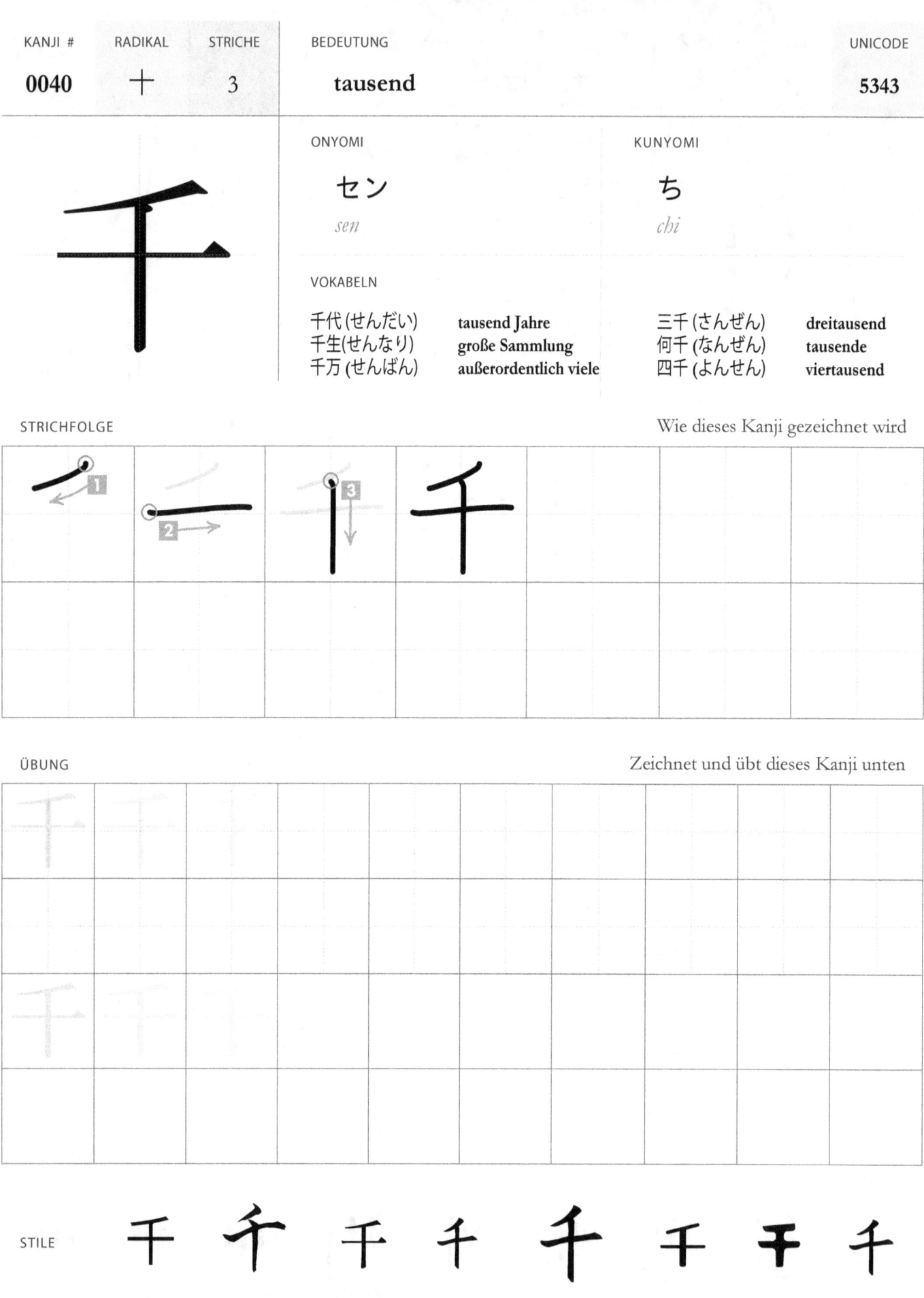

ÜBUNG   Zeichnet und übt dieses Kanji unten

STILE　　千　千　千　千　千　千　千　千

KANJI #	RADIKAL	STRICHE	BEDEUTUNG	UNICODE
0137	水	4	**Wasser**	6C34

水

ONYOMI

スイ
sui

KUNYOMI

みず
mizu

VOKABELN

水道 (すいどう)	Wasserversorgung	下水 (げすい)	Kanalisation
水泳 (すいえい)	Schwimmen	洪水 (こうずい)	Überschwemmung
水中 (すいちゅう)	unter Wasser	海水 (かいすい)	Meerwasser

STRICHFOLGE

Wie dieses Kanji gezeichnet wird

ÜBUNG

Zeichnet und übt dieses Kanji unten

STILE 水 水 水 水 水 水 水 水

KANJI #	RADIKAL	STRICHE	BEDEUTUNG	UNICODE
1286	十	5	**Hälfte, Mitte, ungerade Zahl, halb …**	**534A**

半

ONYOMI

ハン

han

KUNYOMI

なか(ば)

naka(ba)

VOKABELN

半年 (はんとし)   ein halbes Jahr
半島 (はんとう)   Halbinsel
半径 (はんけい)   Radius

大半 (たいはん)   Mehrzahl
後半 (こうはん)   die zweite Hälfte
前半 (ぜんはん)   die erste Hälfte

STRICHFOLGE
                Wie dieses Kanji gezeichnet wird

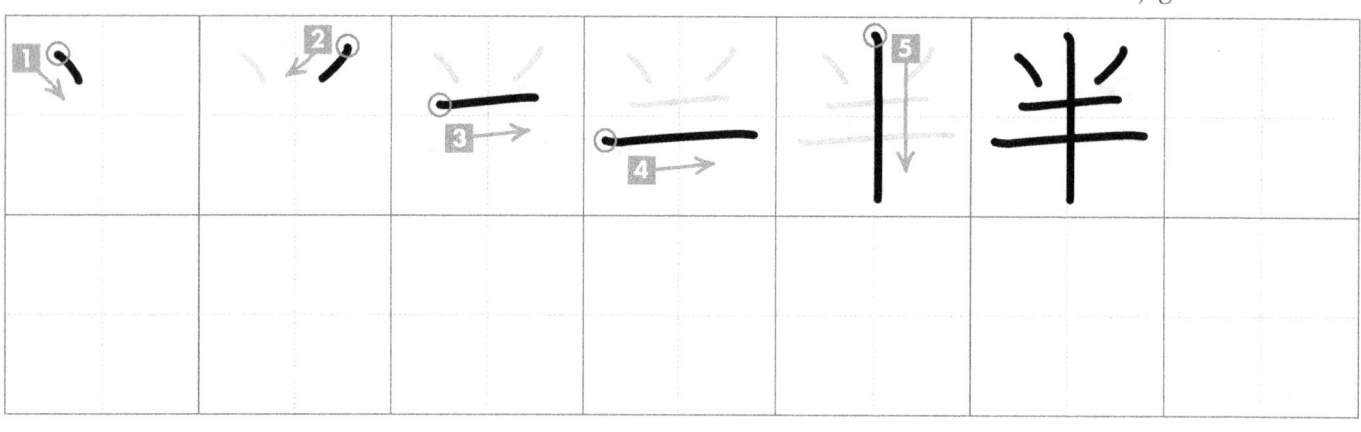

ÜBUNG
                Zeichnet und übt dieses Kanji unten

STILE   半   半   半   半   半   半   半   半

KANJI #	RADIKAL	STRICHE	BEDEUTUNG	UNICODE
0923	田	7	**Mann**	7537

男

ONYOMI	KUNYOMI
ダン、ナン	おとこ、お
dan, nan	*otoko, o*

VOKABELN

男子 (だんし)	Junge; junger Mann	長男 (ちょうなん)	ältester Sohn
男前 (おとこまえ)	gut aussehender Mann	三男 (さんなん)	drei Söhne
男優 (だんゆう)	Schauspieler	次男 (じなん)	der zweitälteste Sohn

STRICHFOLGE   Wie dieses Kanji gezeichnet wird

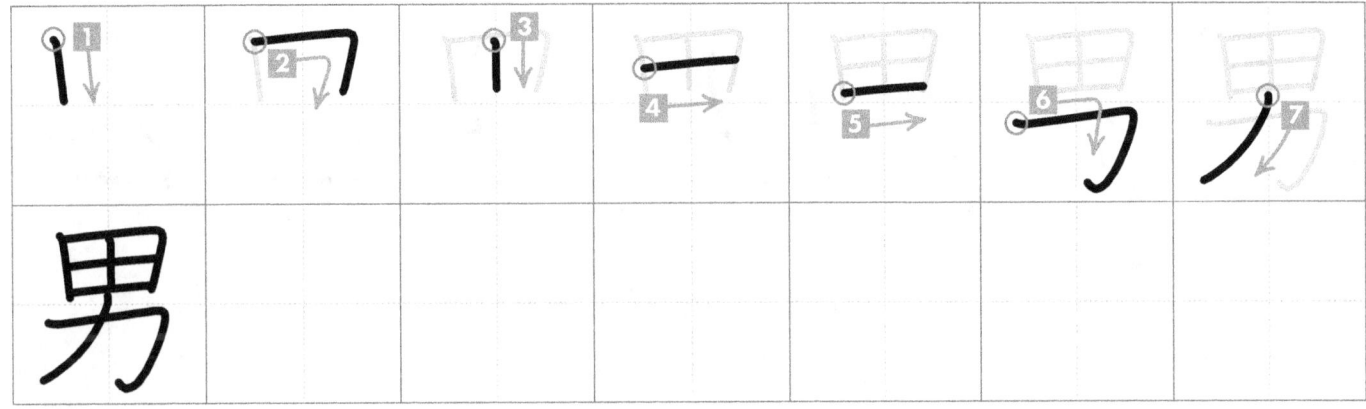

ÜBUNG   Zeichnet und übt dieses Kanji unten

STILE   男 男 男 男 男 男 男 男

ONYOMI

セイ、サイ
sei, sai

KUNYOMI

にし
nishi

VOKABELN

西南 (せいなん)	Südwesten	東西 (とうざい)	Ost und West
西口 (にしぐち)	Westeingang	北西 (ほくせい)	Nordwesten
西北 (せいほく)	Nordwesten	南西 (なんせい)	Südwesten

STRICHFOLGE

Wie dieses Kanji gezeichnet wird

ÜBUNG

Zeichnet und übt dieses Kanji unten

STILE   西　西　西　西　西　西　西　西

KANJI #	RADICAL	STRICHE	BEDEUTUNG	UNICODE
0574	雨	13		96FB

Elektrizität, elektrisch betrieben

電

ONYOMI

デン

den

VOKABELN

電車 (でんしゃ)   elektrischer Zug
電話 (でんわ)   Telefonat
電力 (でんりょく)   elektrische Energie

終電 (しゅうでん)   letzter Zug
外電 (がいでん)   Auslandstelegramm
送電 (そうでん)   Stromversorgung

STRICHFOLGE   Wie dieses Kanji gezeichnet wird

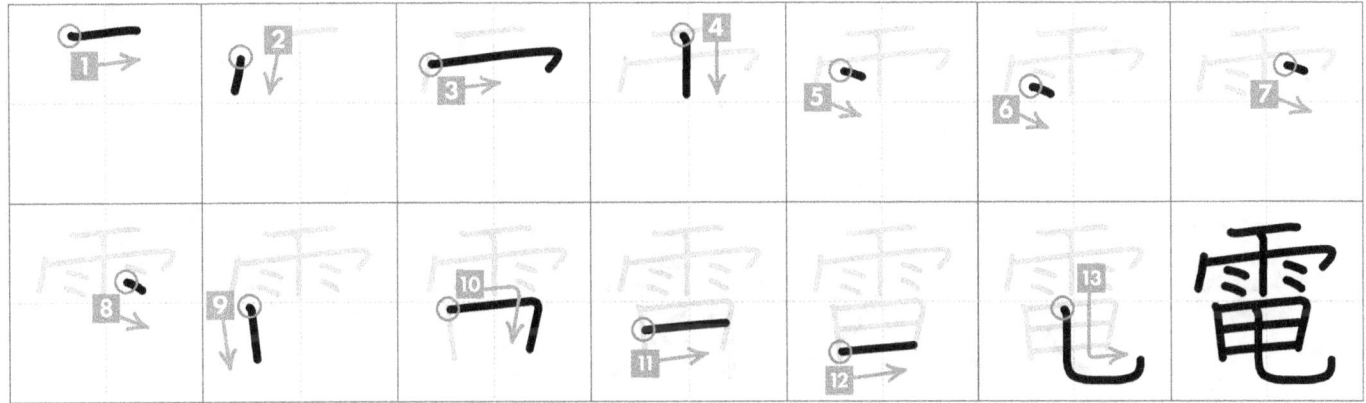

ÜBUNG   Zeichnet und übt dieses Kanji unten

STILE   電 電 電 電 電 電 電 電

校

ONYOMI

コウ

kou

VOKABELN

校長 (こうちょう)　Schulleiter　　母校 (ぼこう)　Alma Mater
校舎 (こうしゃ)　Schulgebäude　　登校 (とうこう)　Schulbesuch
校庭 (こうてい)　Schulhof　　分校 (ぶんこう)　Zweigschule

STRICHFOLGE

Wie dieses Kanji gezeichnet wird

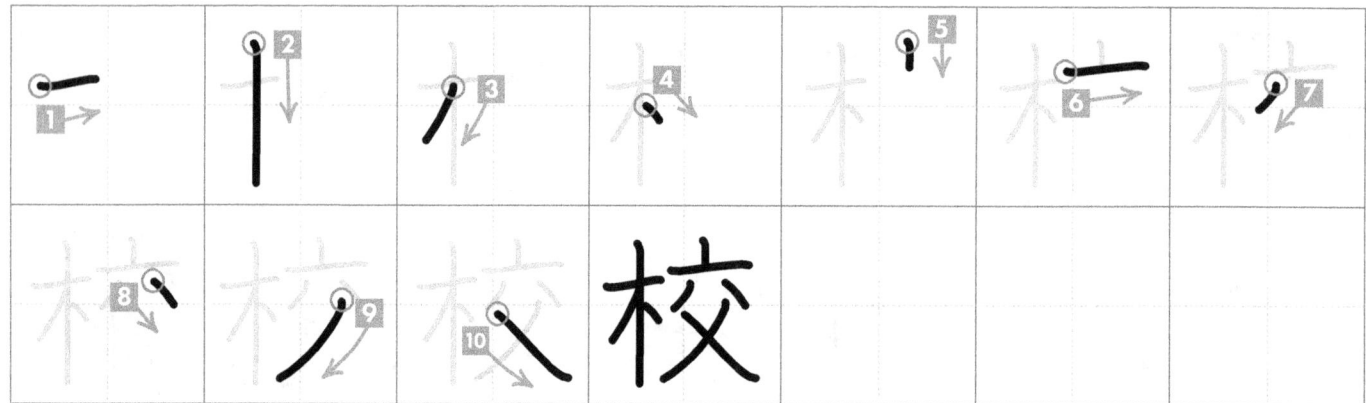

ÜBUNG

Zeichnet und übt dieses Kanji unten

STILE　校　校　校　校　校　校　校　校

BEDEUTUNG

Wort, Sprache

語

ONYOMI

ゴ
go

KUNYOMI

かた(る)
kata(ru)

VOKABELN

語学 (ごがく)	Sprachstudium
語句 (ごく)	Wörter; Ausdrücke
語気 (ごき)	Redeweise

用語 (ようご)	Fachausdruck; Terminologie
物語 (ものがたり)	Erzählung; Geschichte
国語 (こくご)	Landessprache

STRICHFOLGE Wie dieses Kanji gezeichnet wird

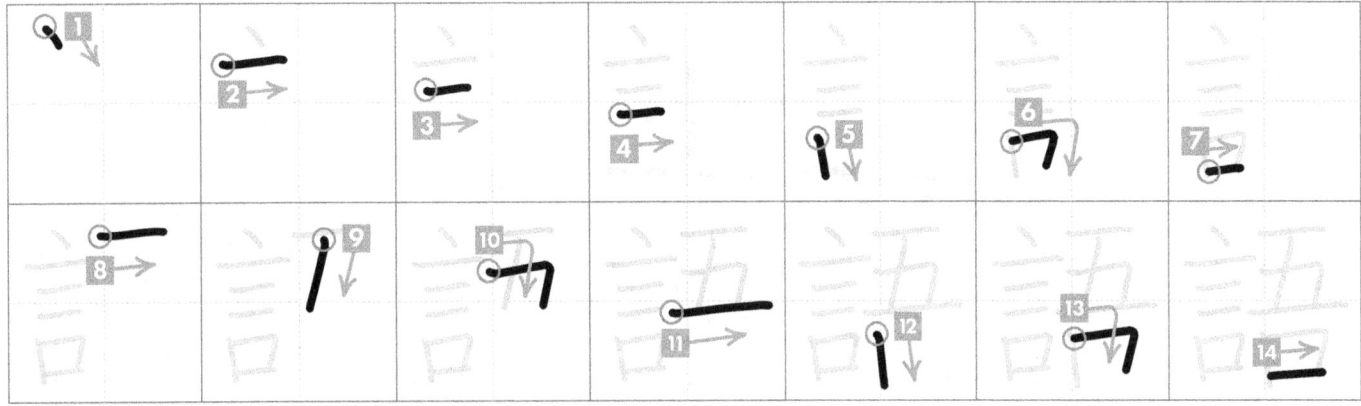

ÜBUNG Zeichnet und übt dieses Kanji unten

STILE 語 語 語 語 語 語 語 語

KANJI #	RADIKAL	STRICHE	BEDEUTUNG		UNICODE
0161	土	3	**Erde, Boden**		571F

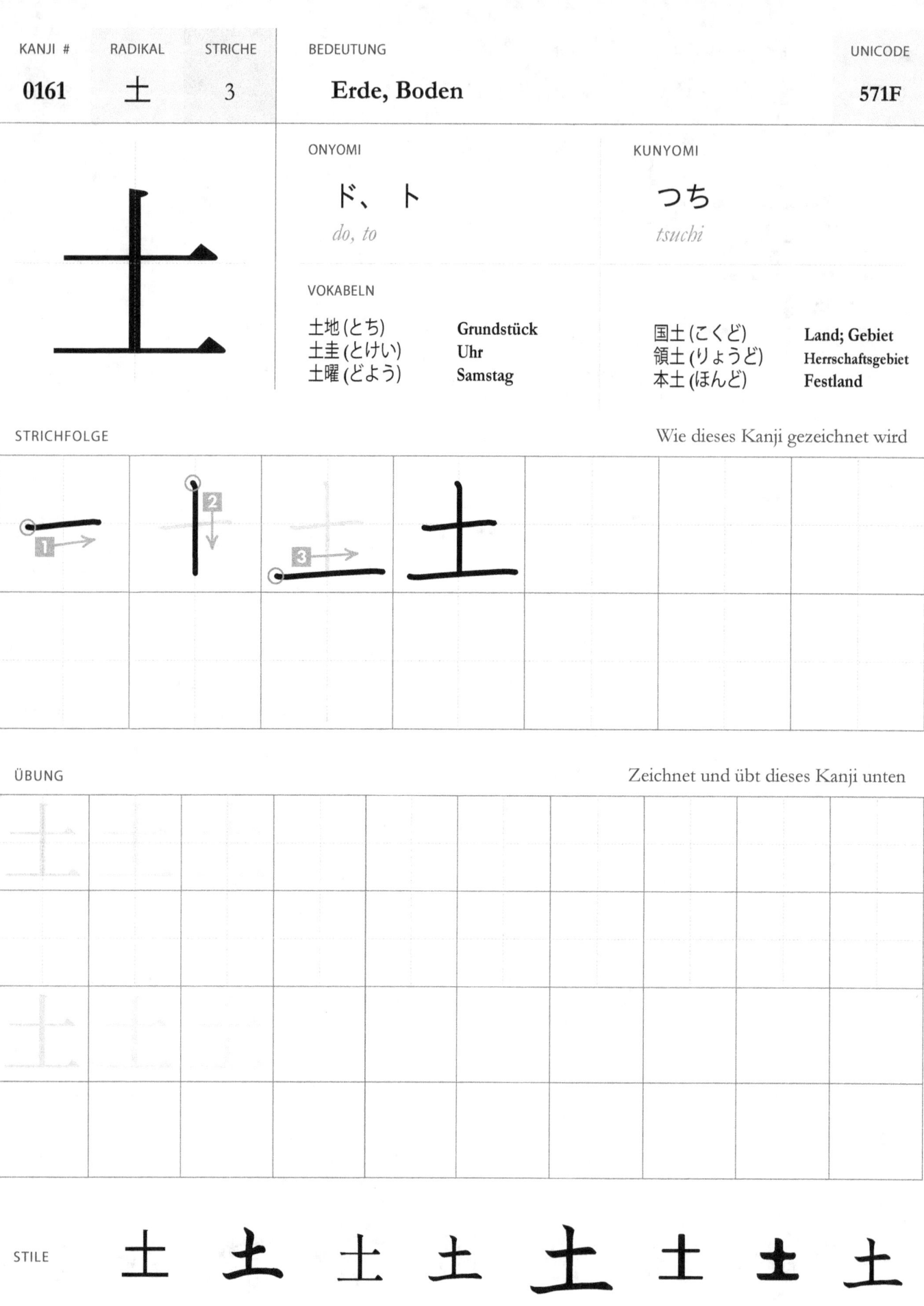

ONYOMI

ド、ト

do, to

KUNYOMI

つち

tsuchi

VOKABELN

土地 (とち) — **Grundstück**
土圭 (とけい) — **Uhr**
土曜 (どよう) — **Samstag**

国土 (こくど) — **Land; Gebiet**
領土 (りょうど) — **Herrschaftsgebiet**
本土 (ほんど) — **Festland**

STRICHFOLGE　　　　　　　　　　　　Wie dieses Kanji gezeichnet wird

ÜBUNG　　　　　　　　　　　　Zeichnet und übt dieses Kanji unten

STILE　　土　土　土　土　土　土　土　土

KANJI #	RADIKAL	STRICHE	BEDEUTUNG	UNICODE
0207	木	4	**Baum, Holz**	6728

ONYOMI

ボク、モク
boku, moku

KUNYOMI

き、こ-
ki, ko

VOKABELN

木曜 (もくよう)	Donnerstag	土木 (どぼく)	Bau
木材 (もくざい)	Bauholz; Nutzholz	大木 (たいぼく)	großer Baum
木立 (こだち)	Baumgruppe	並木 (なみき)	Baumreihe

STRICHFOLGE   Wie dieses Kanji gezeichnet wird

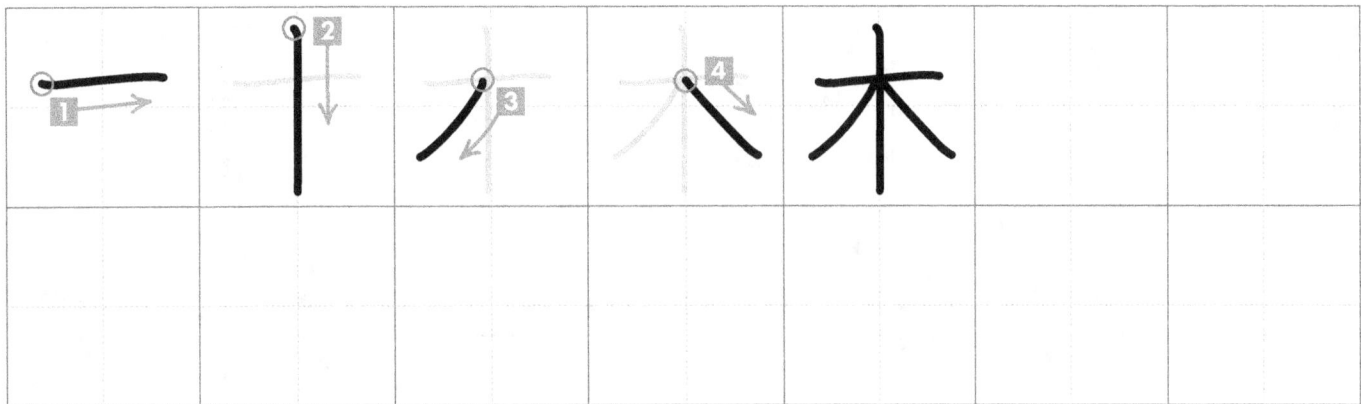

ÜBUNG   Zeichnet und übt dieses Kanji unten

STILE   木 木 木 木 木 木 木 木

KANJI #	RADIKAL	STRICHE	BEDEUTUNG	UNICODE
1754	耳	14	hören, zuhören, fragen	805E

ONYOMI

ブン、モン
bun, mon

KUNYOMI

き（く）
ki(ku)

VOKABELN

聞く (き)	hören; zuhören	新聞 (しんぶん)	Zeitung
聞き (き)	Hören	見聞 (けんぶん)	Kenntnis
聞ゆる (きこ)	berühmt; gefeiert	聴聞 (ちょうもん)	Zuhören; Hören

STRICHFOLGE   Wie dieses Kanji gezeichnet wird

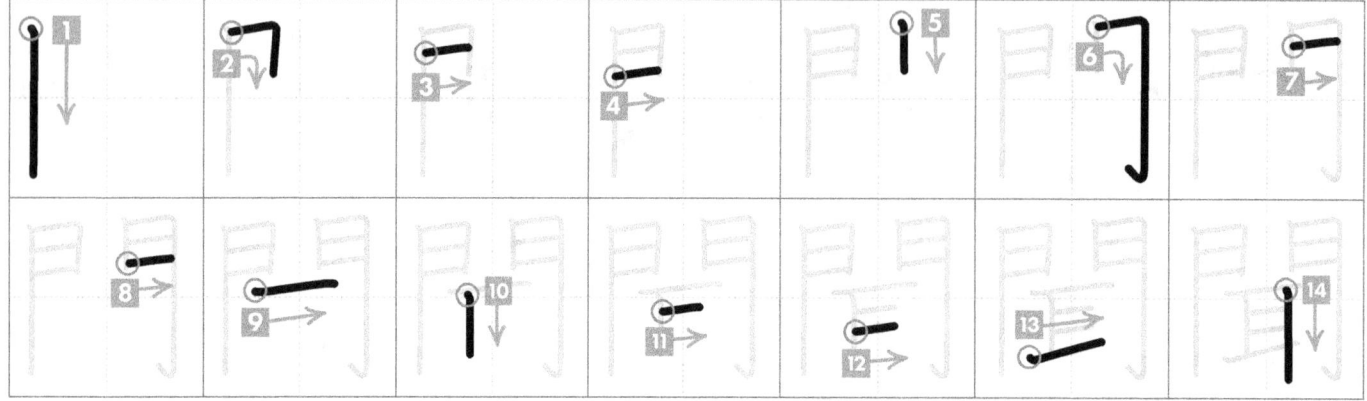

ÜBUNG   Zeichnet und übt dieses Kanji unten

STILE 　聞　聞　聞　聞　聞　聞　聞　聞

KANJI #	RADIKAL	STRICHE	BEDEUTUNG	UNICODE
1582	食	9	**essen, Essen**	**98DF**

ONYOMI

ショク、ジキ

shoku, jiki

KUNYOMI

く(う)、 た(べる)、
は(む)

k(u), ta(beru), ha(mu)

VOKABELN

食事 (しょくじ) **Mahlzeit**
食品 (しょくひん) **Lebensmittel**
食堂 (しょくどう) **Esszimmer**

夕食 (ゆうしょく) **Abendessen**
昼食 (ちゅうしょく) **Mittagessen**
朝食 (ちょうしょく) **Frühstück**

STRICHFOLGE

Wie dieses Kanji gezeichnet wird

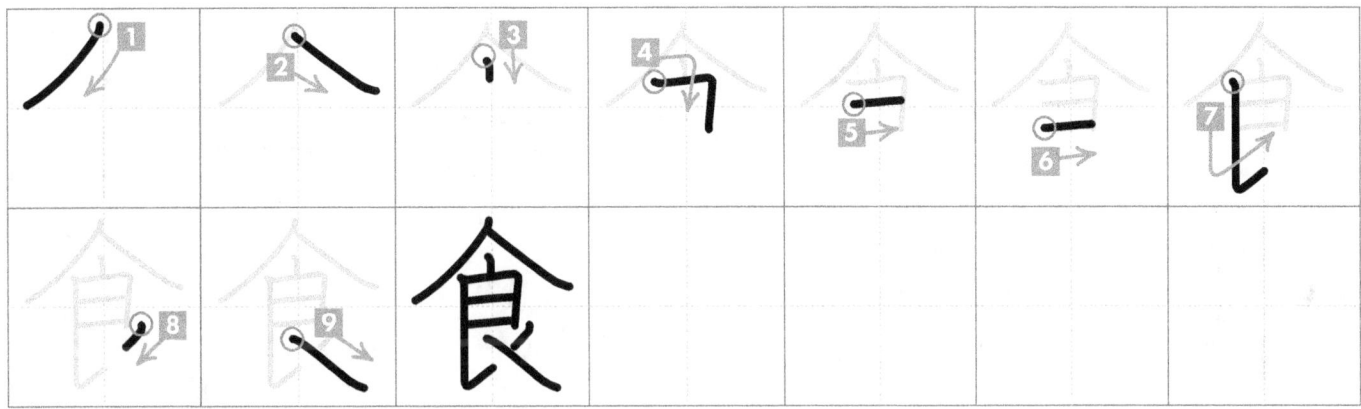

ÜBUNG

Zeichnet und übt dieses Kanji unten

STILE 食 食 食 食 食 食 食 食

89

KANJI #	RADIKAL	STRICHE	BEDEUTUNG	UNICODE
0304	車	7	**Auto, Rad**	**8ECA**

ONYOMI

シャ
sha

KUNYOMI

くるま
kuruma

VOKABELN

車輪 (しゃりん)	(Wagen)rad	電車 (でんしゃ)	Zug; elektrischer Zug
車庫 (しゃこ)	Garage; Carport	自動車 (じどうしゃ)	Automobil
車内 (しゃない)	in einem Zug, Auto, etc.	駐車 (ちゅうしゃ)	Parken

STRICHFOLGE

Wie dieses Kanji gezeichnet wird

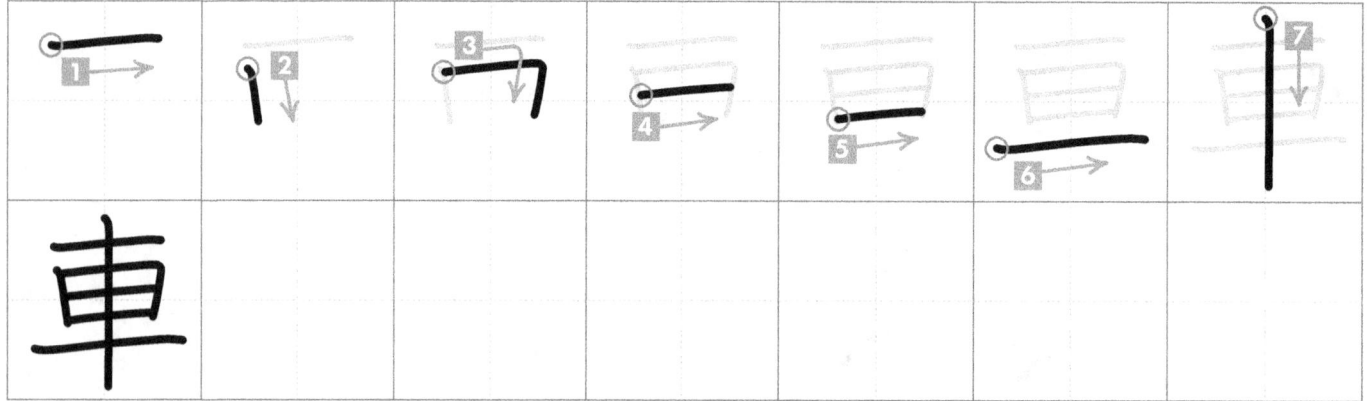

ÜBUNG

Zeichnet und übt dieses Kanji unten

STILE 車 車 車 車 車 車 車 車

KANJI #	RADIKAL	STRICHE	BEDEUTUNG		UNICODE
1087	人	7	**was**		**4F55**

何

ONYOMI

カ
ka

KUNYOMI

なに、 なん
nani, nan

VOKABELN

何時 (いつ)	wann; wie bald	如何 (どう)	etwas
何処 (どこ)	wo; welcher Ort	幾何 (きか)	Geometrie
何か (なに)	etwas	何々 (なになに)	Was ist los?

STRICHFOLGE
Wie dieses Kanji gezeichnet wird

ÜBUNG
Zeichnet und übt dieses Kanji unten

STILE 何 何 何 何 何 何 何 何

KANJI #	RADIKAL	STRICHE	BEDEUTUNG		UNICODE
1740	十	9	**Süden**		**5357**

南

ONYOMI	KUNYOMI
ナン、ナ	みなみ
nan, na	*minami*

VOKABELN

南北 (なんぼく)	Nord und Süd	東南 (とうなん)	Südosten
南西 (なんせい)	Südwesten	西南 (せいなん)	Südwesten
南東 (なんとう)	Südosten	真南 (まみなみ)	genau südliche Richtung

STRICHFOLGE   Wie dieses Kanji gezeichnet wird

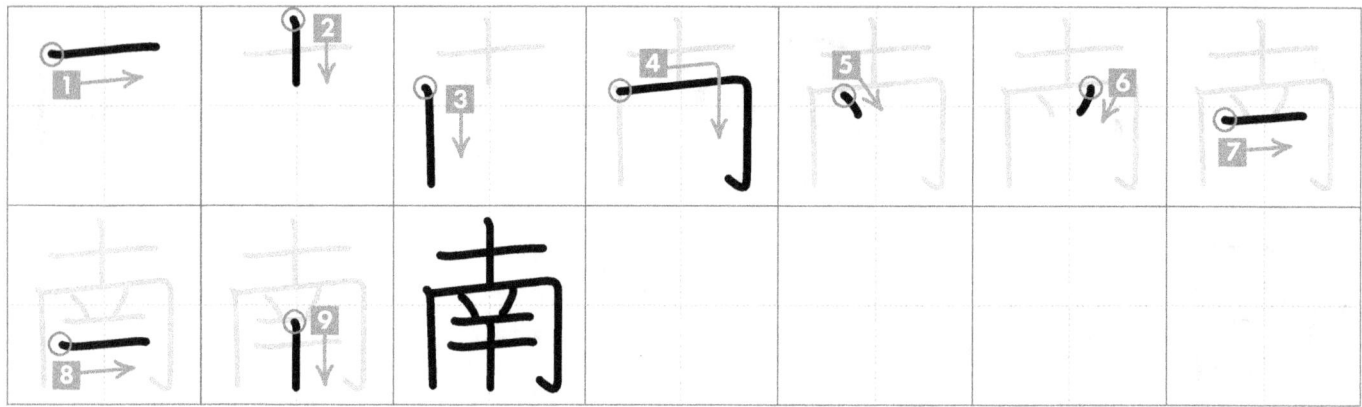

ÜBUNG   Zeichnet und übt dieses Kanji unten

STILE   南　南　南　南　南　南　南　南

万

ONYOMI

マン、バン
man, ban

VOKABELN

万一 (まんいち)　Notfall
万人 (ばんにん)　alle Menschen; jeder
万能 (ばんのう)　Allzweck-; Hilfsmittel

百万 (ひゃくまん)　eine Million
十万 (じゅうまん)　hunderttausend
億万 (おくまん)　Abermillionen

STRICHFOLGE   Wie dieses Kanji gezeichnet wird

ÜBUNG   Zeichnet und übt dieses Kanji unten

STILE   万 万 万 万 万 万 万 万

KANJI #	RADIKAL	STRICHE	BEDEUTUNG		UNICODE
0497	毋	6	jede(r, -s)		6BCE

毎

ONYOMI

マイ
mai

KUNYOMI

ごと(に)
goto(ni)

VOKABELN

毎日 (まいにち)	jeden Tag	丸毎 (まるごと)	ganz
毎月 (まいつき)	jeden Monat	人毎 (ひとごと)	mit jeder Person
毎年 (まいとし)	jedes Jahr	毎回 (まいかい)	jedes Mal

STRICHFOLGE   Wie dieses Kanji gezeichnet wird

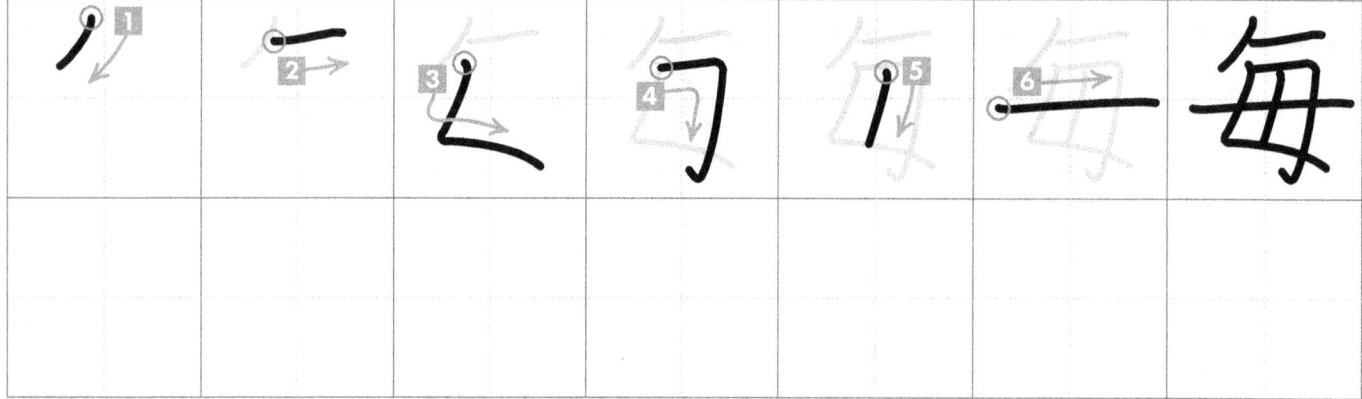

ÜBUNG   Zeichnet und übt dieses Kanji unten

STILE 毎 毎 毎 毎 毎 毎 毎 毎

94

白

ONYOMI

ハク、ビャク

haku, byaku

KUNYOMI

しろ(い)

shiro(i)

VOKABELN

白書 (はくしょ)	Weißbuch	告白 (こくはく)	Geständnis
白銀 (しろがね)	Silber (Ag)	真っ白 (まっしろ)	reines Weiß; leer
白髪 (しらが)	weißes Haar; graues Haar	空白 (くうはく)	Leerstelle

STRICHFOLGE   Wie dieses Kanji gezeichnet wird

ÜBUNG   Zeichnet und übt dieses Kanji unten

STILE   白　白　白　白　白　白　白　白

KANJI #	RADIKAL	STRICHE	BEDEUTUNG	UNICODE
0457	大	4	Himmel, kaiserlich	5929

天

ONYOMI

テン
ten

KUNYOMI

あまつ, あめ, てん
amatsu, ame, ama

VOKABELN

天気 (てんき) **Wetter**
天国 (てんごく) **Paradies; Himmel**
天井 (てんじょう) **Decke; Höchstpreis**

雨天 (うてん) **Regenwetter**
楽天 (らくてん) **Optimismus**
炎天 (えんてん) **glühende Hitze**

STRICHFOLGE   Wie dieses Kanji gezeichnet wird

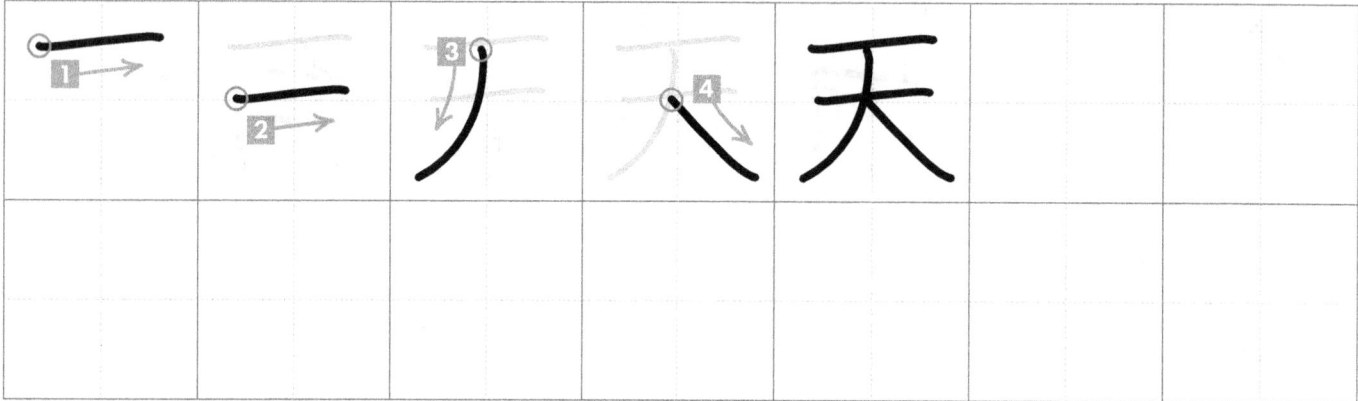

ÜBUNG   Zeichnet und übt dieses Kanji unten

STILE   天 天 天 天 天 天 天 天

BEDEUTUNG

Mutter

母

ONYOMI

ボ

bo

KUNYOMI

はは、かあ

haha, kaa

VOKABELN

母校 (ぼこう)	Alma Mater	祖母 (そぼ)	Großmutter
母子 (ぼし)	Mutter und Kind	父母 (ふぼ)	Vater und Mutter
母国 (ぼこく)	das eigene Heimatland	分母 (ぶんぼ)	Nenner

STRICHFOLGE

Wie dieses Kanji gezeichnet wird

ÜBUNG

Zeichnet und übt dieses Kanji unten

STILE

母　母　母　母　母　母　母　母

KANJI #	RADIKAL	STRICHE	BEDEUTUNG	UNICODE
0173	火	4	**Feuer**	**706B**

ONYOMI

カ

ka

KUNYOMI

ひ、-び、ほ-

hi, bi, ho

VOKABELN

火山 (かざん)	Vulkan	花火 (はなび)	Feuerwerk
火曜 (かよう)	Dienstag	灯火 (あかり)	Licht; Schein
火星 (かせい)	Mars (Planet)	噴火 (ふんか)	Eruption

STRICHFOLGE   Wie dieses Kanji gezeichnet wird

ÜBUNG   Zeichnet und übt dieses Kanji unten

STILE   火 火 火 火 火 火 火 火

KANJI #	RADIKAL	STRICHE	BEDEUTUNG	UNICODE
0082	口	5	**rechts**	53F3

ONYOMI

ウ、ユウ

u, yuu

KUNYOMI

みぎ

migi

VOKABELN

右手 (みぎて)	rechte Hand	左右 (さゆう)	links und rechts
右翼 (うよく)	rechts (Politik)	上右 (うえみぎ)	oben rechts
右舷 (うげん)	Steuerbord	下右 (したみぎ)	unten rechts

STRICHFOLGE

Wie dieses Kanji gezeichnet wird

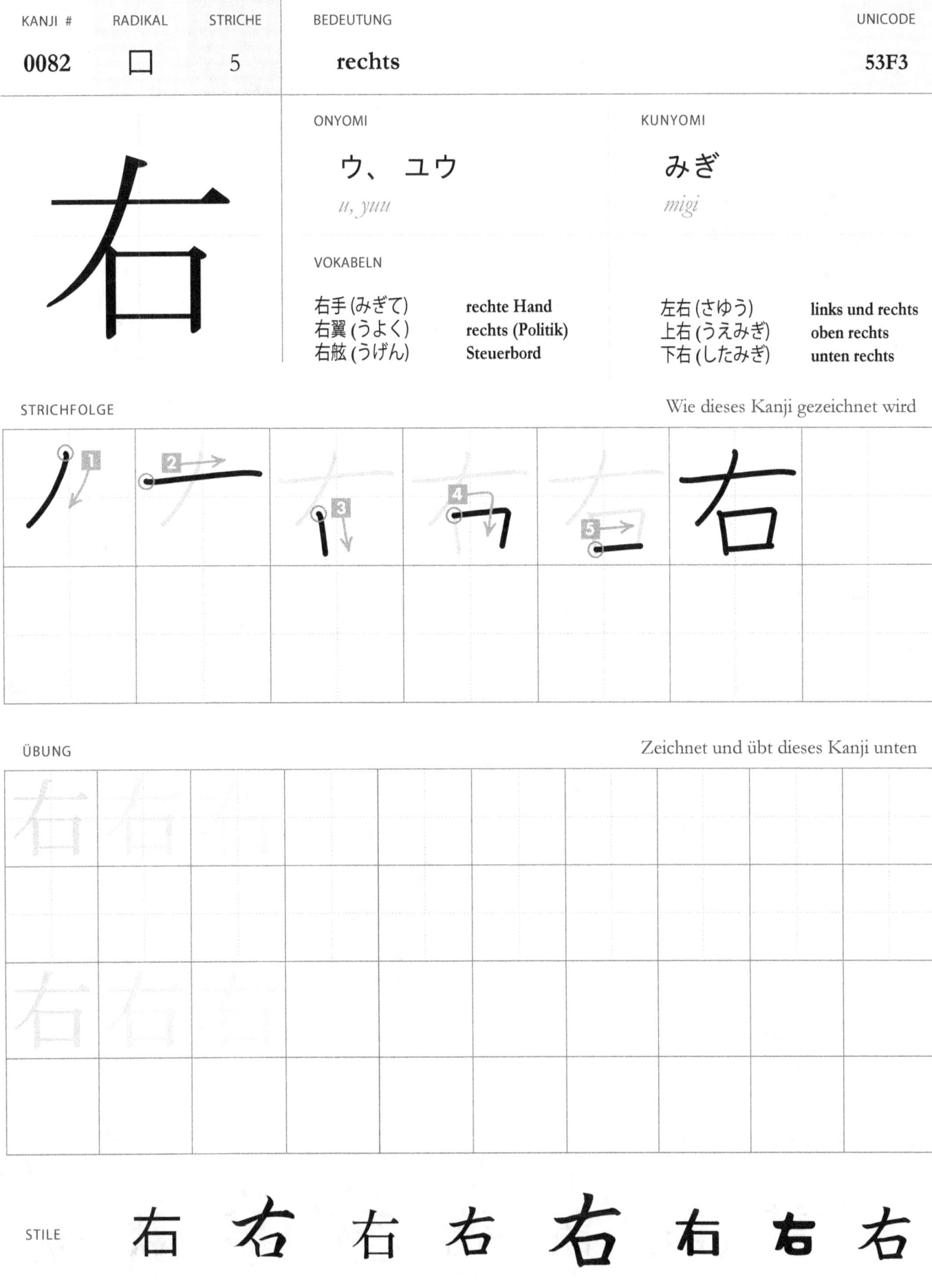

ÜBUNG

Zeichnet und übt dieses Kanji unten

STILE　右　右　右　右　右　右　右　右

KANJI #	RADIKAL	STRICHE	BEDEUTUNG		UNICODE
0372	言	14	lesen		8AAD

読

ONYOMI

ドク、トク、トウ
doku, toku, tou

KUNYOMI

よ(む)
yo(mu)

VOKABELN

読書 (どくしょ)　　Lesen
読者 (どくしゃ)　　Leser
読本 (とくほん)　　Lesebuch

一読 (いちどく)　　einmaliges Durchlesen
解読 (かいどく)　　**Entzifferung**
下読 (したよみ)　　**Probe**
　　　　　　　　　(eines Theaterstücks)

STRICHFOLGE　　　　　　　　　　Wie dieses Kanji gezeichnet wird

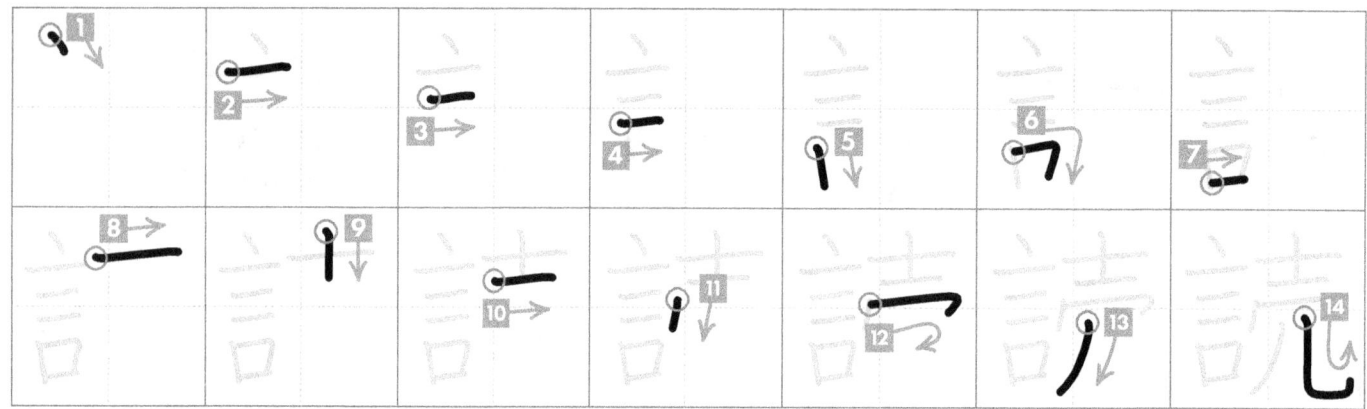

ÜBUNG　　　　　　　　　Zeichnet und übt dieses Kanji unten

STILE　　読　読　読　読　読　読　読　読

友

ONYOMI	KUNYOMI
ユウ	とも
yuu	*tomo*

VOKABELN

友好 (ゆうこう)	Freundschaft	親友 (しんゆう)	enge*r Freund*in
友愛 (ゆうあい)	Brüderlichkeit	学友 (がくゆう)	Schulfreund*in
友邦 (ゆうほう)	befreundetes Land	校友 (こうゆう)	Klassenkamerad*in

STRICHFOLGE   Wie dieses Kanji gezeichnet wird

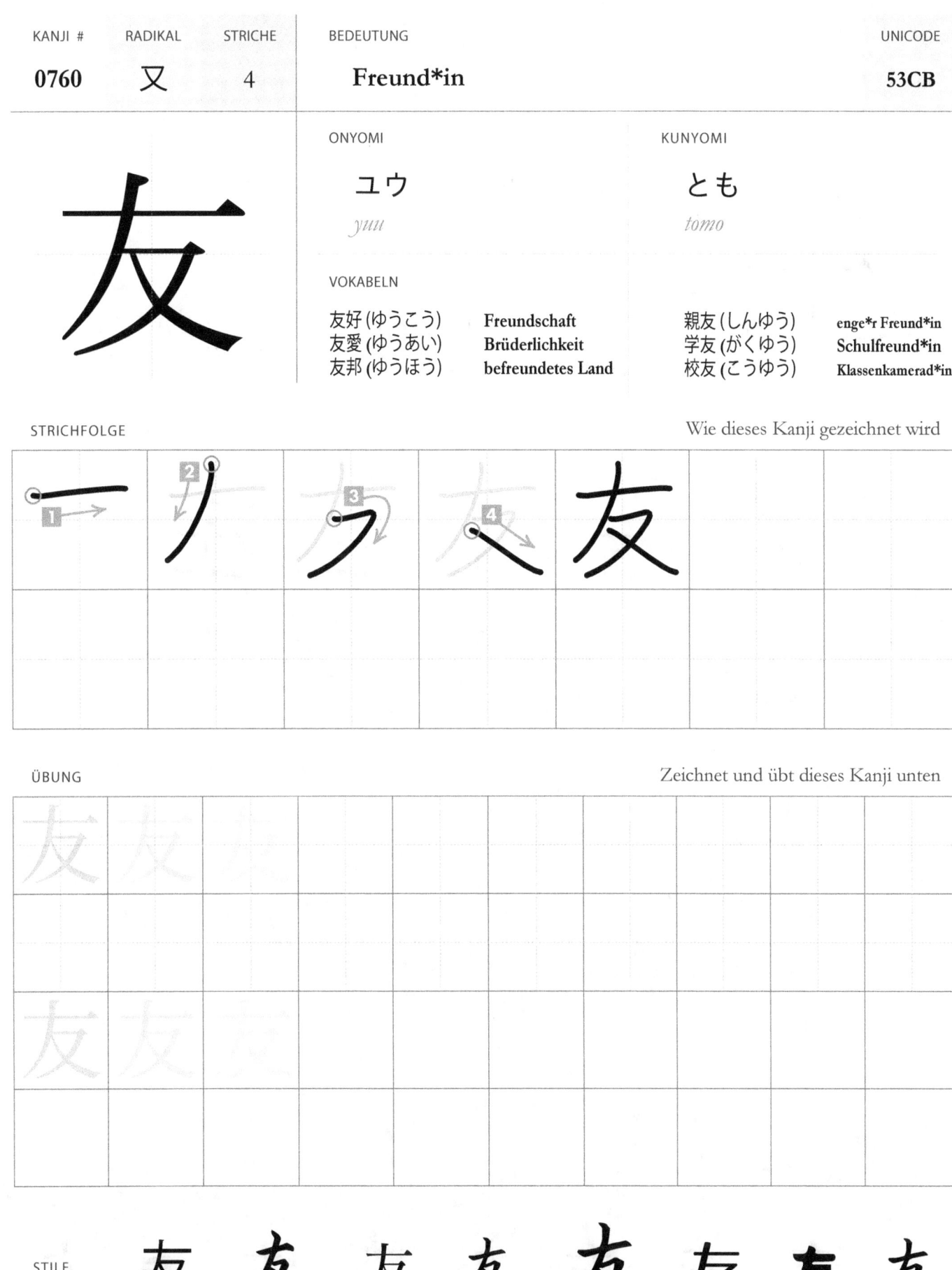

ÜBUNG   Zeichnet und übt dieses Kanji unten

STILE   友 友 友 友 友 友 友 友

KANJI #	RADIKAL	STRICHE	BEDEUTUNG	UNICODE
0081	工	5	**links**	**5DE6**

左

ONYOMI

サ、シャ
sa, sha

KUNYOMI

ひだり
hidari

VOKABELN

左右 (さゆう)	**links und rechts**	上左 (うえひだり)	**oben links**
左手 (ひだりて)	**linke Hand**	下左 (したひだり)	**unten links**
左腕 (さわん)	**linker Arm**	極左 (きょくさ)	**extreme Linke**

STRICHFOLGE

Wie dieses Kanji gezeichnet wird

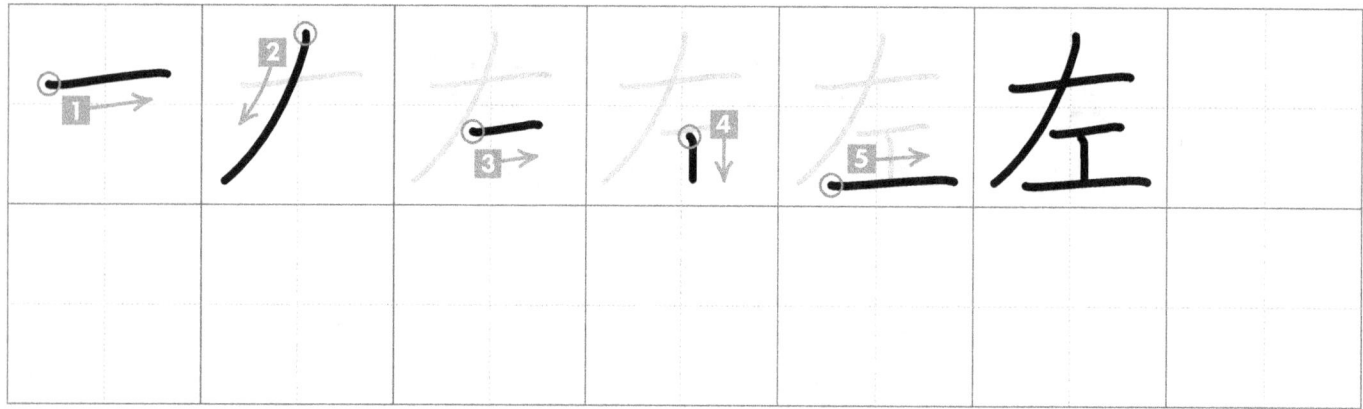

ÜBUNG

Zeichnet und übt dieses Kanji unten

STILE   左 左 左 左 左 左 左 左

休

ONYOMI

キュウ

kyuu

KUNYOMI

やす(む)

yasu(mu)

VOKABELN

休む (やす) abwesend sein
休日 (きゅうじつ) Feiertag; arbeitsfreier Tag
休止 (きゅうし) Pause; Beendigung

連休 (れんきゅう) aufeinanderfolgende Feiertage
週休 (しゅうきゅう) freier Tag in der Woche.
運休 (うんきゅう) Dienst eingestellt

STRICHFOLGE

Wie dieses Kanji gezeichnet wird

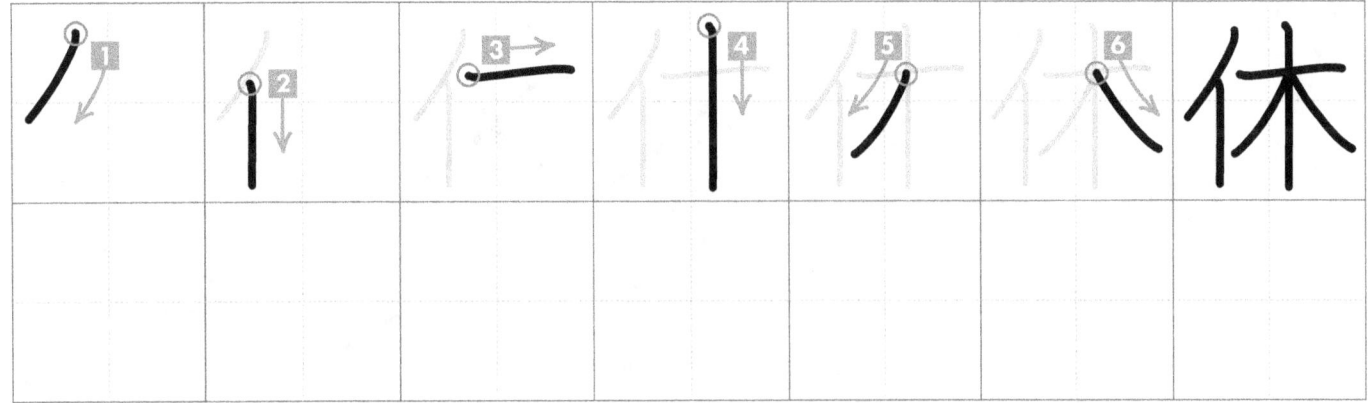

ÜBUNG

Zeichnet und übt dieses Kanji unten

STILE 休 休 休 休 休 休 休 休

KANJI #	RADIKAL	STRICHE	BEDEUTUNG		UNICODE
1366	父	4	**Vater**		**7236**

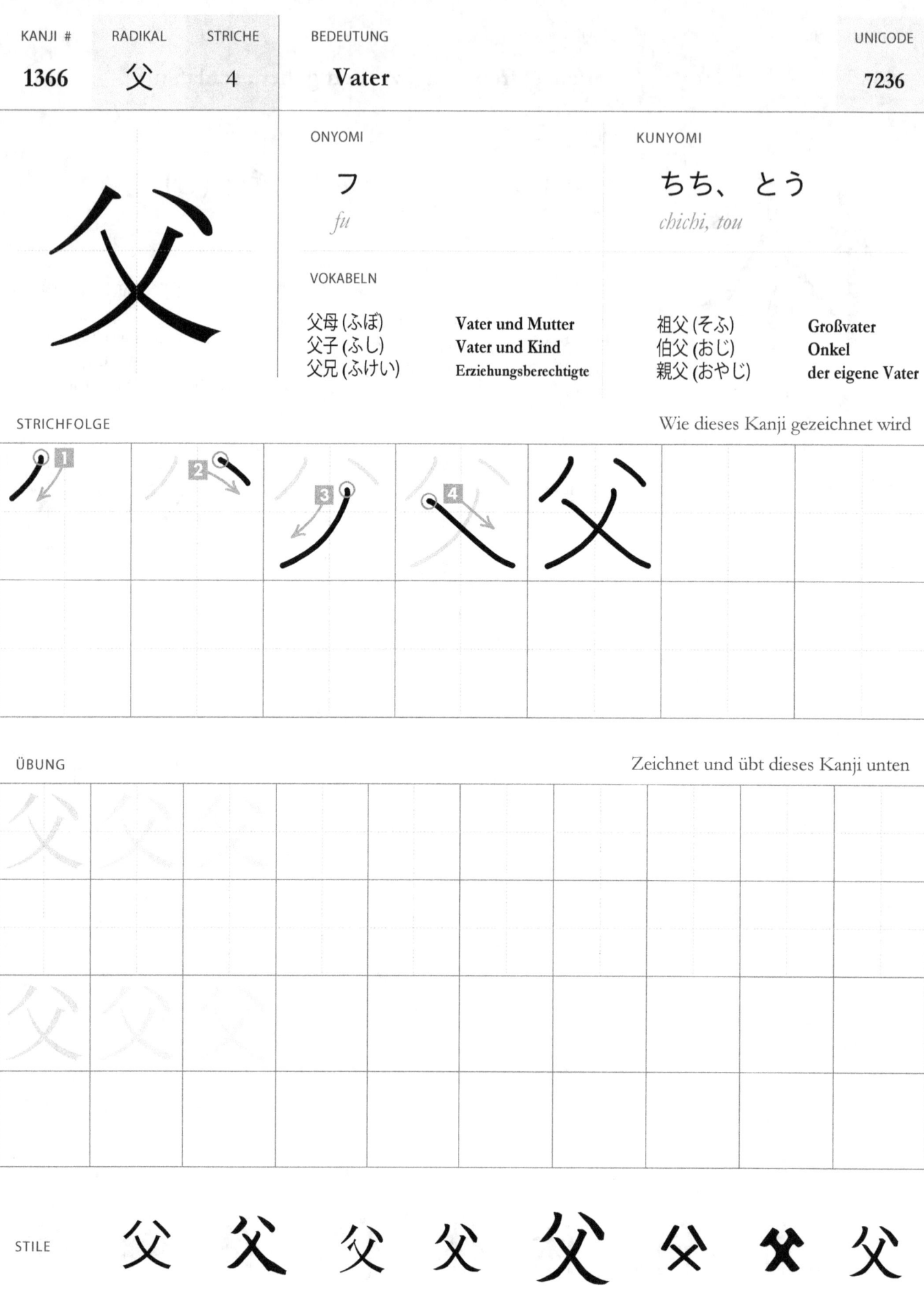

ONYOMI

フ
fu

KUNYOMI

ちち、とう
chichi, tou

VOKABELN

父母 (ふぼ)	Vater und Mutter	祖父 (そふ)	Großvater
父子 (ふし)	Vater und Kind	伯父 (おじ)	Onkel
父兄 (ふけい)	Erziehungsberechtigte	親父 (おやじ)	der eigene Vater

STRICHFOLGE

Wie dieses Kanji gezeichnet wird

ÜBUNG

Zeichnet und übt dieses Kanji unten

STILE 父 父 父 父 父 父 父 父

ONYOMI

ウ

u

KUNYOMI

あめ、あま

ame, ama

VOKABELN

雨天 (うてん)	Regenwetter	梅雨 (つゆ)	Regenzeit
雨水 (うすい)	Regenwasser	大雨 (おおあめ)	starker Regen
雨量 (うりょう)	Regenmenge	時雨 (しぐれ)	Nieselregen

STRICHFOLGE

Wie dieses Kanji gezeichnet wird

ÜBUNG

Zeichnet und übt dieses Kanji unten

STILE　雨 雨 雨 雨 雨 雨 雨 雨

GENKOUYOUSHI

MILLIMETERPAPIER FÜR WEITERE ÜBUNG

Teil 5

FLASH CARDS

FOTOKOPIERE SIE ODER SCHNEIDE SIE AUS UND BEWAHRE SIE AUF

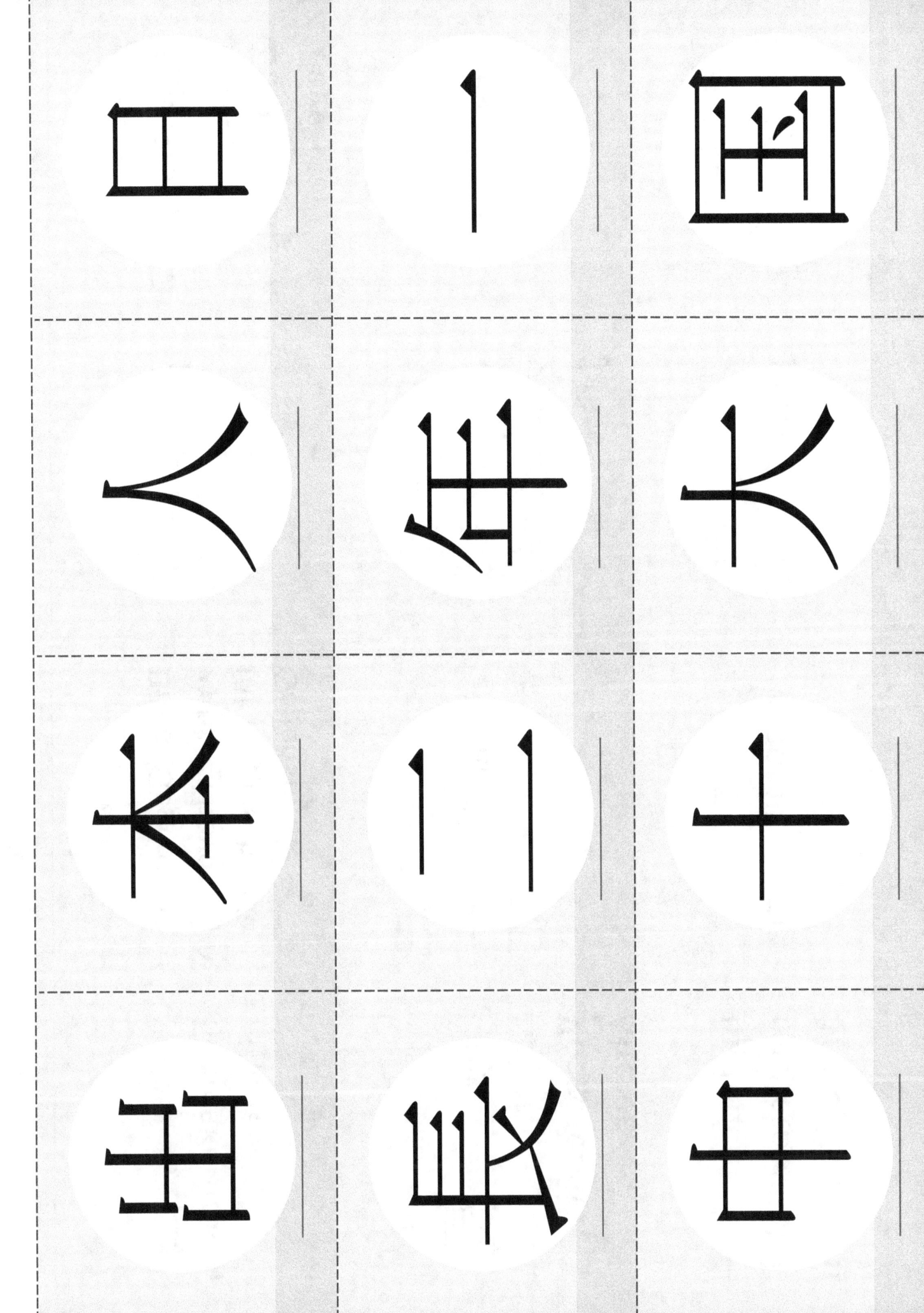

BEDEUTUNG

Tag, Sonne, Japan, Zählwort für Tage

RADIKAL 日

BEDEUTUNG

Person

RADIKAL 人

BEDEUTUNG

Buch, Gegenwart, wahr, Zählwort für lange schmale Gegenstände

RADIKAL 本

BEDEUTUNG

verlassen, herauskommen, hinausgehen

RADIKAL 凵

BEDEUTUNG

eins

RADIKAL 一

BEDEUTUNG

Jahr, Zählwort für Jahre

RADIKAL 年

BEDEUTUNG

zwei, 2

RADIKAL 二

BEDEUTUNG

lang, Leiter, Vorgesetzter, Älterer

RADIKAL 長

BEDEUTUNG

Land

RADIKAL 囗

BEDEUTUNG

groß

RADIKAL 大

BEDEUTUNG

zehn, 10

RADIKAL 十

BEDEUTUNG

in, innen, mittlere(r, -s), Mitte, Zentrum

RADIKAL 丨

行	時	二
分	月	兄
生	前	後
上	間	五

BEDEUTUNG

gehen, Reise, durchführen, Linie, Zeile

RADIKAL 行

BEDEUTUNG

Anteil, Minute (Zeiteinheit), verstehen

RADIKAL 刀

BEDEUTUNG

Leben, natürlich, Geburt

RADIKAL 生

BEDEUTUNG

oberhalb, oben

RADIKAL 一

BEDEUTUNG

Zeit, Stunde

RADIKAL 日

BEDEUTUNG

Monat, Mond

RADIKAL 月

BEDEUTUNG

vor, davor

RADIKAL 刀

BEDEUTUNG

Abstand, Zwischenraum

RADIKAL 門

BEDEUTUNG

drei, 3

RADIKAL 一

BEDEUTUNG

(an)sehen, Hoffnungen, Aussichten, Idee, Meinung, (an)schauen

RADIKAL 見

BEDEUTUNG

hinter, Rückseite, später

RADIKAL 彳

BEDEUTUNG

fünf, 5

RADIKAL 二

BEDEUTUNG: jetzt, die Gegenwart
RADIKAL: 人

BEDEUTUNG: eintreten, eintragen
RADIKAL: 入

BEDEUTUNG: Kreis, Yen (Japanische Geldeinheit), rund
RADIKAL: 冂

BEDEUTUNG: acht, 8
RADIKAL: 八

BEDEUTUNG: vier, 4
RADIKAL: 口

BEDEUTUNG: neun, 9
RADIKAL: 丁

BEDEUTUNG: groß, hoch, teuer
RADIKAL: 高

BEDEUTUNG: draußen
RADIKAL: 夕

BEDEUTUNG: Osten
RADIKAL: 木

BEDEUTUNG: Gold
RADIKAL: 金

BEDEUTUNG: Studium, Lernen, Wissenschaft
RADIKAL: 子

BEDEUTUNG: Kind
RADIKAL: 子

米　下　大

七　小　長

女　語　日

百　午　北

BEDEUTUNG

BEDEUTUNG

kommen, fällig, nächster, Ursachen, werden

RADIKAL 木

BEDEUTUNG

sieben, 7

RADIKAL 一

BEDEUTUNG

hundert

RADIKAL 白

BEDEUTUNG

unterhalb, unten, hinuntergehen, geben, niedrig

RADIKAL □

BEDEUTUNG

wenig, klein

RADIKAL 小

BEDEUTUNG

Frau

RADIKAL 女

BEDEUTUNG

Erzählung, groß

RADIKAL 言

BEDEUTUNG

Mittag, Pferd (Sternzeichen)

RADIKAL 十

BEDEUTUNG

sechs, 6

RADIKAL 八

BEDEUTUNG

Geist, Luft, Atmosphäre, Laune

RADIKAL 气

BEDEUTUNG

Berg

RADIKAL 山

BEDEUTUNG

Norden

RADIKAL 匕

名	先	書
水	千	川
西	男	羊
語	校	電

BEDEUTUNG	RADIKAL
Name, bekannt, ausgezeichnet, Ruf	口
Wasser	水
Westen	西
Wort, Sprache	言
vorhin, voran, vorher, zukünftig, Vorrang	儿
tausend	十
Mann	田
Schule	木
schreiben	曰
Fluss, Bach	巛
Hälfte, Mitte, ungerade Zahl, halb …	十
Elektrizität, elektrisch betrieben	雨

語　长　土

何　册　食

使　万　坤

申　天　日

BEDEUTUNG
Erde, Boden

RADIKAL
土

BEDEUTUNG
was

RADIKAL
入

BEDEUTUNG
jede(r, -s)

RADIKAL
毋

BEDEUTUNG
Mutter

RADIKAL
毋

BEDEUTUNG
Baum, Holz

RADIKAL
木

BEDEUTUNG
Auto, Rad

RADIKAL
車

BEDEUTUNG
zehn-tausend, 10.000

RADIKAL
一

BEDEUTUNG
Himmel, kaiserlich

RADIKAL
大

BEDEUTUNG
hören, zuhören, fragen

RADICAL
耳

BEDEUTUNG
essen, Essen

RADIKAL
食

BEDEUTUNG
Süden

RADIKAL
十

BEDEUTUNG
weiß

RADIKAL
白

說　右　火

休　左　友

　　　當　父

BEDEUTUNG — RADIKAL

lesen

言

BEDEUTUNG — RADIKAL

rechts

口

BEDEUTUNG — RADIKAL

Feuer

火

BEDEUTUNG — RADIKAL

Pause, freier Tag, zu Bett gehen, schlafen

入

BEDEUTUNG — RADIKAL

links

工

BEDEUTUNG — RADIKAL

Freund*in

又

BEDEUTUNG — RADIKAL

Regen

雨

BEDEUTUNG — RADIKAL

Vater

父

ありがとう

arigatou

Danke

Danke, dass ihr euch für unser Buch entschieden habt!

Ihr seid jetzt auf dem besten Weg, Japanisch lesen, schreiben und sprechen zu lernen, und wir hoffen, dass euch unser Kanji-Arbeitsbuch gefallen hat.

Wenn es euch Spaß gemacht hat, mit uns zu lernen, würden wir uns freuen, wenn ihr uns in einer Bewertung von euren Fortschritten berichtet!

Wir sind immer daran interessiert zu erfahren, ob es etwas gibt, was wir tun können, um unsere Bücher für zukünftige Schüler*innen besser zu machen. Wir sind bestrebt, die besten Sprachlerninhalte zur Verfügung zu stellen. Bitte kontaktiert uns per E-Mail, wenn ihr ein Problem mit einem der Inhalte in diesem Buch habt:

hello@polyscholar.com

Du möchtest mehr Übungsseiten? Scannen Sie den QR-Code oder besuchen Sie https://amzn.to/3CNBRqz, um ein Notizbuch zu erhalten.

POLYSCHOLAR   www.polyscholar.com